JN108507

**切替えギャザーの
ワンピース**

17 ✤ photo p.20
✤ how to make p.58

**チャイニーズ風
チュニック**

18 ✤ photo p.21
✤ how to make p.60

**スクエアネックの
ワンピース**

19 ✤ photo p.22
✤ how to make p.62

**ノーカラーの
ジャケット**

20 ✤ photo p.23
✤ how to make p.64

**ボートネックの
コクーンワンピース**

21 ✤ photo p.24
✤ how to make p.65

**Ｖネックの
コクーンワンピース**

22 ✤ photo p.25
✤ how to make p.66

7分袖のブラウス

23 ✤ photo p.26
✤ how to make p.69

**タック＆
ギャザースカート**

24 ✤ photo p.26
✤ how to make p.70

**タック＆
ギャザースカート**

25 ✤ photo p.27
✤ how to make p.70

**シンプルロング
ジャケット**

26 ✤ photo p.28
✤ how to make p.72

**ボーカラーの
ワンピース**

27 ✤ photo p.29
✤ how to make p.71

**黒留袖の
フォーマルドレス**

28 ✤ photo p.30
✤ how to make p.74

**訪問着の
フォーマルドレス**

29 ✤ photo p.31
✤ how to make p.76

**フレンチスリーブの
ブラウス**

30 ✤ photo p.32
✤ how to make p.75

作りはじめる前に ✤✤✤ p.32

「着物リメイク」はこの手順で ✤✤✤ p.32

サイズについて ✤✤✤ p.33

材料と裁ち方について ✤✤✤ p.33

着物について ✤✤✤ p.34

「着物リメイク」あれこれ ✤✤✤ p.79

1

身頃は着物幅いっぱいの4枚はぎでゆるみがたっぷりの**ラグランスリーブのプルオーバー**。衿ぐりと袖口はゴム仕様です。

✚✚✚✚✚✚✚ how to make p.36

2

ほどよいゆるみの**ストレートパンツ**。どんなトップスとも相性のいい秀逸アイテム。p.10の**8**と同じ着物で作りました。

✚✚✚✚✚✚✚ how to make p.38

3

1のアレンジで、袖をなくした
代わりにまっすぐのフリルをぐ
るりとつけた**フリルブラウス**。
ときには肩を出しても素敵。

✛✛✛✛✛✛✛✛ how to make p.37

4

前は短めですっきりと軽く見え
て後ろはヒップが隠れる長さの
前後差ブラウス。切替えのギ
ャザーがたっぷりでキュート。

✳✳✳✳✳✳✳✳ how to make p.40

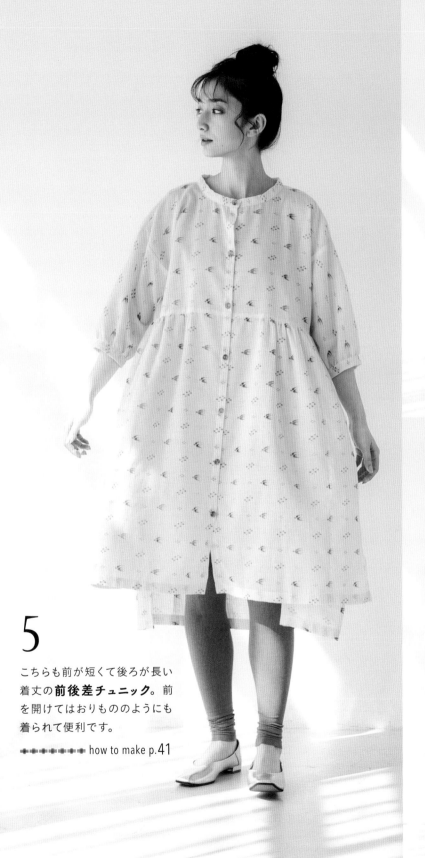

5

こちらも前が短くて後ろが長い
着丈の**前後差チュニック**。前
を開けてはおりもののようにも
着られて便利です。

how to make p.41

6

直線的な身頃に小さな衿をつけた
スタンドカラーのプルオーバー。
1枚の着物からp.04の**1**とこれ、
2着のトップスが作れます。

╬═╬═╬═╬═╬═ how to make p.42

7

裾に通したひもをキュッと引いて結んで着る**ブラウジングブラウス**。p.05 の **3** と同じ着物から、このブラウスも作れます。

╫╫╫╫╫╫╫ how to make p.44

8

前から見るとシンプルな形で後ろは大胆に開いている**バックオープンベスト**。p.04 の **2** と同じ着物で作りました。

✳✳✳✳✳✳✳✳✳ how to make p.43

9

ゆったりして股上が深いのが
特徴の**サルエルパンツ**。ユ
ニークなはぎ方を生かしたくて
縞柄の着物で作りました。

◆◆◆◆◆◆◆◆ how to make p.46

10

着物のような打ち合いの**カシュ
クールブラウス**はヒップが隠れ
る着丈です。ギャザーたっぷり
の裾布と袖口フリルがキュート。
┼┼┼┼┼┼┼┼ how to make p.48

11

10のアレンジで着丈を長くし
た**カシュクールワンピース**。そ
のままワンピースとして着たり、
ロングコートのように着たり。

┿┿┿┿┿┿┿ how to make p.50

12

p.11の **9** と同型の **サルエルパンツ**。無地っぽい生地で作るとこんな感じ。生地を替えるとガラリと印象が変わる、という一例です。

✚✚✚✚✚✚✚✚ how to make p.46

13

裾線をまっすぐにした**テントラインのギャザースカート**。伝統的な格子柄だけど洋服地のタータンチェックみたいで新鮮。

✛✛✛✛✛✛✛✛ how to make p.52

14

ストンとしたまっすぐシルエット
ですが、ボタンをとめるとウエ
ストがシェイプ。2つの着方が
できる **2way ワンピース**。

⬛⬛⬛⬛⬛⬛⬛ how to make p.54

15

全体にゆったりシルエットの
サロペット。肩ひもは調節可
能。ボタンどめにしてもいいし、
ボタンホールに通して結んでも。

how to make p.56

16

15と身頃は同型でウエスト切
替えから下をスカートにアレン
ジした**キャミソールワンピース**。
着丈は好みで調節してください。

how to make p.51

17

前中央は1枚布で脇から後ろは
ギャザーの寄った**切替えギャザー
のワンピース**。縫い目利用の
ポケットがかわいいうえに便利。
✳✳✳✳✳✳✳✳ how to make p.58

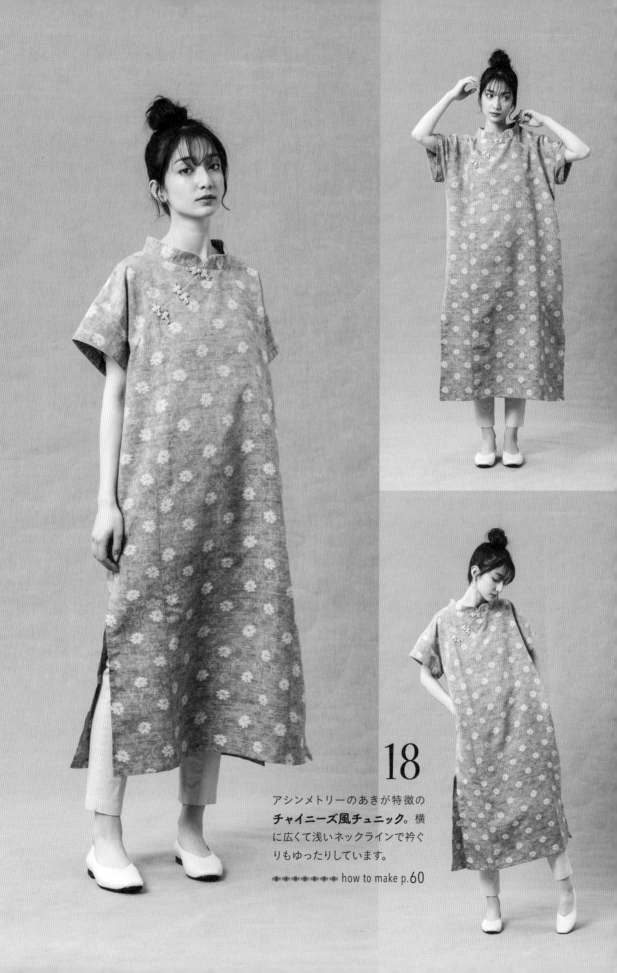

18

アシンメトリーのあきが特徴の
チャイニーズ風チュニック。横
に広くて浅いネックラインで衿ぐ
りもゆったりしています。

✦✦✦✦✦✦✦✦ how to make p.60

19

前中央は着物幅いっぱいの長方
形でタックを縫って、脇布とはい
だだけで四角い衿ぐりができる
スクエアネックのワンピース。
✳✳✳✳✳✳✳➤ how to make p.62

20

19と同じ着物でもう1枚、**ノーカラーのジャケット**も作れます。ワンピースと合わせて着たら、きちんと感のあるセットに。

➥➥➥➥➥➥ how to make p.64

21

繭（コクーン）のようなシルエットの**コクーンワンピース**。衿ぐりは横に広くて浅い**ボートネック**。便利な脇ポケットつき。

✦✦✦✦✦✦✦✦ how to make p.65

22

21と同型で衿ぐりを**Vネック**にし
た**コクーンワンピース**。こんな風
にレギンスや細身のボトムスを合わ
せても。

══════════ how to make p.66

23

小さな衿をつけた**7分袖のブラウス**。横地にした裾布がアクセントです。前を開ければジャケットとしても着られます。

┿┿┿┿┿┿┿┿ how to make p.69

24

着物幅いっぱいに裁った長方形を縫い合わせるだけだからパターンいらず、じか裁ちで作れる**タック＆ギャザースカート**。

┿┿┿┿┿┿┿┿ how to make p.70

25

24とまったくの同型でウール
の着物地で作った**タック＆ギャ
ザースカート**。スカート丈は好
みで調節してください。

➨➨➨➨➨➨➨ how to make p.70

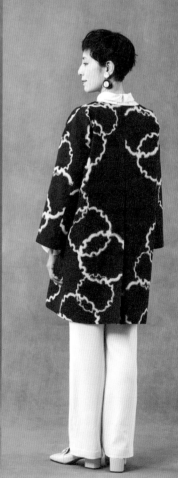

26

大胆な柄を生かすため、デザイ
ンはごく**シンプル**な**ロングジ
ャケット**。後ろにプリーツがある
のでゆるみは充分です。

━━━━━━━━ how to make p.72

27

胸もとと背中のV字のあきがポイントの**ボーカラーのワンピース**。前後を逆に着て、ボーカラーを前で結んでもかわいい。

━━━━━━━━ how to make p.71

28

p.16 の **14** と同型で着丈を長くした**黒留袖のフォーマルドレス**。裾に柄がくるように裁断の前に注意して配置してください。

✦✦✦✦✦✦✦ how to make p.74

29

訪問着のフォーマルドレス。
一見凝ったデザインのようです
が p.04 の **1** をアレンジしたも
の。案外簡単に作れます。
╼╼╼╼╼╼╼╼ how to make p.76

30

p.31の**29**と同じ着物でもう
1着。**フレンチスリーブのブ
ラウス**も作れます。前を開けて
ボレロのようにも着られます。

╼╾╼╾╼╾╼╾╼╾ how to make p.75

作りはじめる前に

「着物リメイク」は
この手順で

1　布と作るものを決める
2　着物をほどく
3　洗う
4　パターンを準備する
5　裁断する
6　縫う前の準備をする
7　縫う

1 布と作るものを決める

「着物リメイク」はどんな着物でも作れます。作品に使用した着物は一例です。これ以外でも好きな着物で自由に作ってください。

2 着物をほどく

古い着物は、ほどく前に、リメイクできる状態かどうかチェックします。衿先からほどき始め、衿、袖、おくみ、脇縫い、背縫いの順序でほどくとスムーズです。

3 洗う

そのまま使える着物なら大丈夫ですが、古い着物で汚れや匂いが気になるものは、ほどいたあとで手洗いします。

4 パターンを準備する

作るものが決まったら、付録の実物大パターンの中から必要なパーツを写します。ハトロン紙や製図用用紙（線が透けて見える紙ならなんでもOK）に出来上り線を写します。実物大パターンには縫い代がついていないので「裁合せ図」を見てパターンに縫い代をつけてください。布目線、ポケット口、合い印なども書いておきます。一部実物大パターンのない直線的なものは製図を引いてパターンを作ってください。

5 裁断する

布のしみや汚れ、身頃の衿肩あきなどをよけてパターンを配置します。配置が決まったらまち針でとめて裁ちばさみで裁断します。

6 縫う前の準備をする

布以外の材料をそろえておきます。裁断した各パーツの縫い代にジグザグミシンをかけたり、接着芯をはったりします（それぞれ「裁合せ図」で指定）。袖口やパンツの裾など口回りが細い部位は、平らなときに三つ折りにしておくとあとの作業が楽です。

7 縫う

各作品の「作り方」の順に縫います。

サイズについて

この本の作品はS〜LLまで着られるフリーサイズです（サイズは「参考寸法表」を参照）。各作品は「出来上りサイズ」を表記したので参考にしてください（「ゆき」は、背中心から肩を通って袖口までの長さ）。着丈、スカート丈、パンツ丈は好みの長さに調節してください。

参考寸法表
単位は cm

	S	M	L	LL
バスト	78	82	88	94
ウエスト	60	64	70	76
ヒップ	88	92	98	104
身長	160	160	160	160

＊モデルの身長は164cmです。

材料と裁ち方について

● 裁ち方は着物の柄などによって配置が異なることがあります。まず、すべてのパターンを配置してから裁断してください。

● 共布のバイアス布の長さは、少し長めにしています。余分はカットしてください。

● 付録の実物大パターンには縫い代がついていません。「裁合せ図」を見て縫い代をつけてください。

● パンツとスカートのゴムテープはおおよその長さを表記したので、着てみてから長さを決めてください。

知っておきたい「着物」の各部の名称

着物は、いくつかのパーツで構成されています。着物をほどくと長方形の布でできていることがわかります(p.35参照)。八掛や胴裏もきれいな布が使われていることがあり、服の裏布などに利用できます。

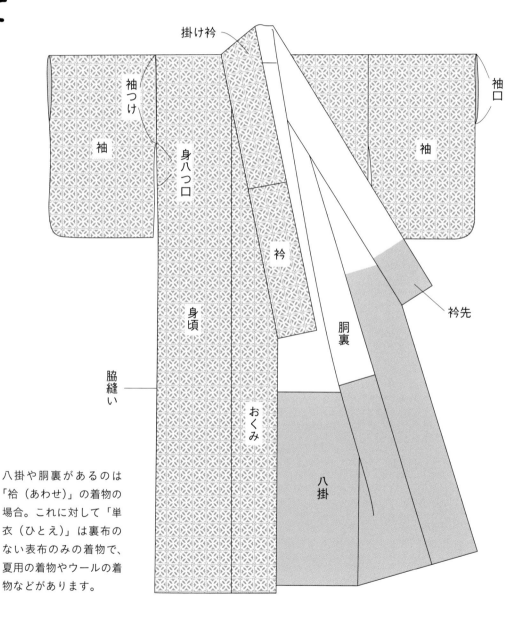

掛け衿

袖つけ

袖

身八つ口

袖口

衿

袖

衿先

身頃

胴裏

脇縫い

おくみ

八掛

八掛や胴裏があるのは「袷(あわせ)」の着物の場合。これに対して「単衣(ひとえ)」は裏布のない表布のみの着物で、夏用の着物やウールの着物などがあります。

「着物」はこのようなパーツでできています

身頃と袖は約36cm幅、おくみ、衿、掛け衿は約18cm幅で、この二つの幅の布で縫われています。着物地の幅は34〜38cm幅ですが、この本では、36cm幅と18cm幅で表記しました。

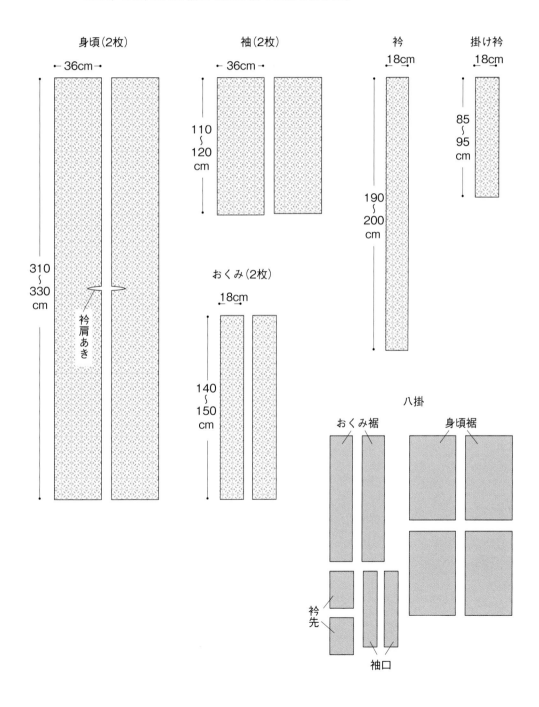

身頃（2枚）
←36cm→
310〜330cm
衿肩あき

袖（2枚）
←36cm→
110〜120cm

衿
18cm
190〜200cm

掛け衿
18cm
85〜95cm

おくみ（2枚）
18cm
140〜150cm

八掛
おくみ裾　身頃裾
衿先
袖口

1 ラグランスリーブのプルオーバー

｜｜｜｜｜｜ photo p.04

実物大パターン　A面

出来上り寸法

バスト —— 132cm、着丈 —— 58cm、
ゆき —— 約53cm

材料

着物地 —— 36cm 幅140cm を2枚、50cm を2枚
　　　　18cm 幅50cm を2枚
ゴムテープ —— 0.8cm 幅65cm（衿ぐり用）、
　　　　　　　50cm（袖口用2本分）

作り方

1　前中心を縫い、縫い代は割る
2　後ろ中心を縫い、縫い代は割る
3　前袖と後ろ袖を縫い、縫い代は割る
4　身頃と袖を縫い、縫い代は袖側に倒す（図参照）
5　袖口にゴムテープ通し口1.5cm を残して袖下と脇を
　　縫い（p.45 参照）、縫い代は割る
6　袖口を三つ折りにして縫い、
　　袖口にゴムテープを通す（図参照）
7　衿ぐりを三つ折りにして縫い、ゴムテープを通す
　　（図6 参照）
8　裾を三つ折りにして縫う

裁合せ図

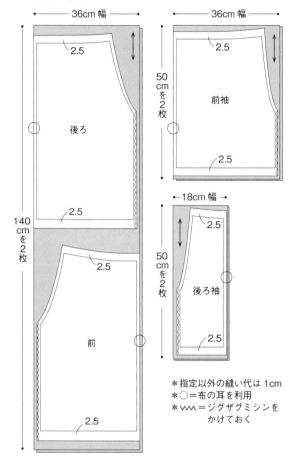

＊指定以外の縫い代は1cm
＊○＝布の耳を利用
＊〰〰＝ジグザグミシンを
　　　かけておく

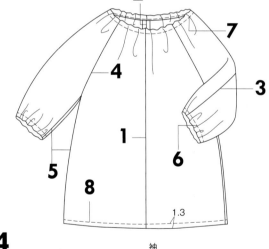

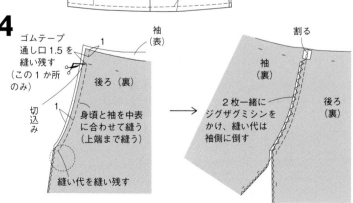

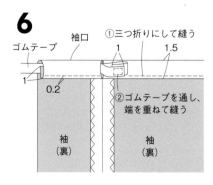

3 フリルブラウス

======= photo p.05

実物大パターン　**A** 面

出来上り寸法

バスト —— 132cm、着丈 —— 60cm（後ろ中央）

材料

着物地 —— 36cm幅140cm、40cm幅を各1枚、
　　　　 90cmを2枚
　　　　 18cm幅115cmを4枚
ゴムテープ —— 0.4cm幅85cm（衿ぐり用）、
　　　　　　　 80cm（ウエスト用）

作り方

1　前、後ろ中心をそれぞれ縫い、縫い代は割る
2　脇を縫い、縫い代は割る
3　袖ぐりをバイアス布で始末する（p.78 参照）
4　衿ぐり布をゴムテープ通し口2cmを残して（左肩）
　 縫い合わせ、縫い代は割る
5　衿フリルを縫い合わせ、縫い代は割る
6　身頃に衿フリルと衿ぐり布をつける（図参照）
7　裾布をゴムテープ通し口1.5cmを残して（右脇）
　 縫い、縫い代は割る
8　裾を三つ折りにして縫う
9　身頃と裾布を縫い、縫い代は身頃側に倒し、
　 ゴムテープ通しのステッチをかける（図参照）
10　衿ぐりとウエストにゴムテープを通す（p.36 参照）

裁合せ図

＊指定以外の縫い代は1cm
＊○＝布の耳を利用
＊〰〰＝ジグザグミシンを
　　　　かけておく

製図

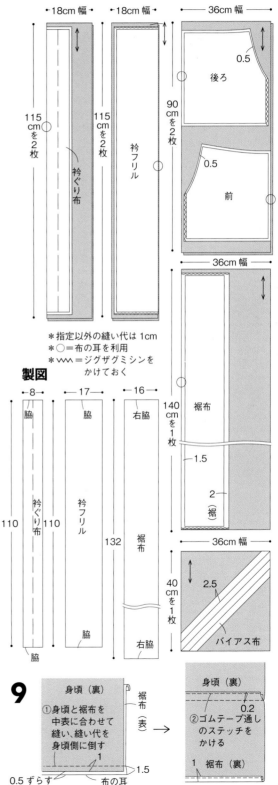

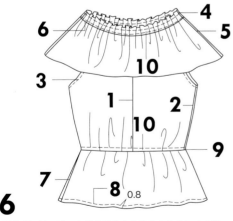

6

①身頃に衿フリルと衿ぐり布を前後中心を合わせて縫い、
　縫い代は衿ぐり布側に倒す

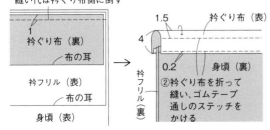

2 ストレートパンツ

⊹⊹⊹⊹⊹⊹ photo p.04

出来上り寸法

ウエスト（ヒップ）── 100cm、
パンツ丈 ── 86cm

＊S〜Lサイズの対応です（着物幅の都合上）。
　LLサイズ以上の場合、p.79を参照して
　実物大パターンを修正してください。

材料

着物地 ── 36cm幅130cmを2枚、100cmを2枚
　　　　　18cm幅100cmを2枚

ゴムテープ ── 2cm幅70cm

接着テープ ── 1.2cm幅40cm

作り方

1 　後ろパンツの中央布と脇布を縫い合わせ、
　　縫い代は割る

2 　前ポケットを作る（図参照）

3 　脇を縫い、縫い代は後ろ側に倒す（図参照）

4 　股下を縫い、縫い代は割る（図参照）

5 　股上を縫い、縫い代は左パンツ側に倒す（図参照）

6 　ウエストベルトを縫い、つける（図参照）

7 　裾を二つ折りにしてまつる（図参照）

裁合せ図

製図

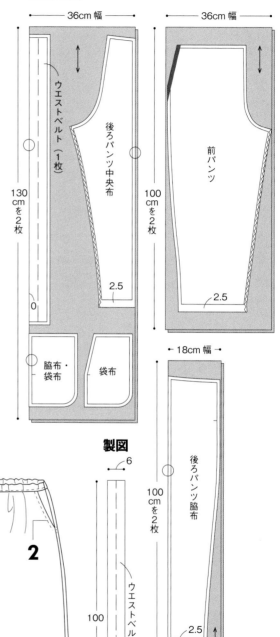

＊指定以外の縫い代は1cm
＊○＝布の耳を利用
＊■＝接着テープ
＊〜〜＝ジグザグミシンを
　　　かけておく

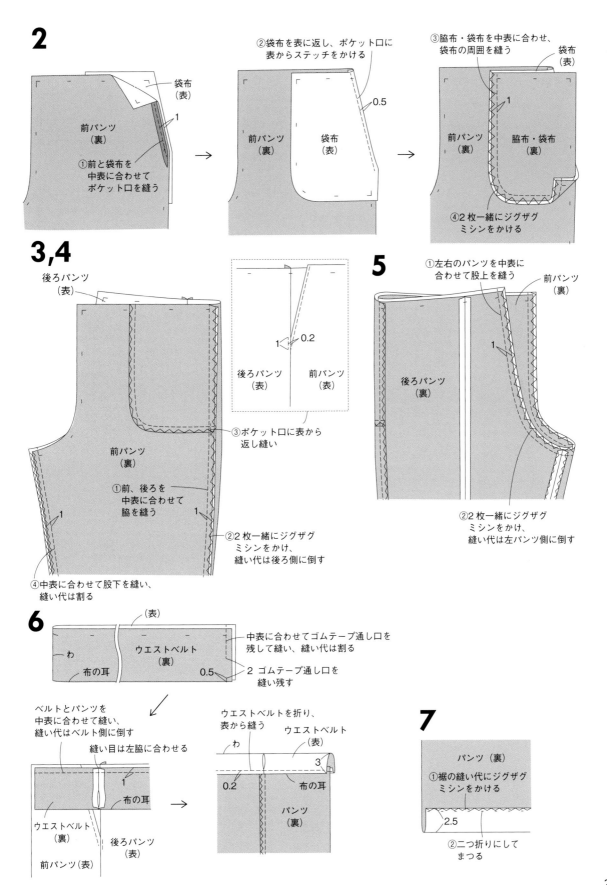

2

袋布
（表）

1

前パンツ
（裏）

①前と袋布を
中表に合わせて
ポケット口を縫う

→

②袋布を表に返し、ポケット口に
表からステッチをかける

0.5

前パンツ
（裏）

袋布
（表）

→

③脇布・袋布を中表に合わせ、
袋布の周囲を縫う

袋布
（表）

1

前パンツ
（裏）

脇布・袋布
（裏）

④2枚一緒にジグザグ
ミシンをかける

3,4

後ろパンツ
（表）

前パンツ
（裏）

①前、後ろを
中表に合わせて
脇を縫う

②2枚一緒にジグザグ
ミシンをかけ、
縫い代は後ろ側に倒す

1

1

④中表に合わせて股下を縫い、
縫い代は割る

1 0.2

後ろパンツ
（表）

前パンツ
（表）

③ポケット口に表から
返し縫い

5

①左右のパンツを中表に
合わせて股上を縫う

前パンツ
（裏）

後ろパンツ
（裏）

1

②2枚一緒にジグザグ
ミシンをかけ、
縫い代は左パンツ側に倒す

6

（表）

わ

布の耳

ウエストベルト
（裏）

0.5

中表に合わせてゴムテープ通し口を
残して縫い、縫い代は割る

2 ゴムテープ通し口を
縫い残す

ベルトとパンツを
中表に合わせて縫い、
縫い代はベルト側に倒す

縫い目は左脇に合わせる

1

布の耳

ウエストベルト
（裏）

後ろパンツ
（表）

前パンツ（表）

→

ウエストベルトを折り、
表から縫う

わ

0.2

ウエストベルト
（表）

3

布の耳

パンツ
（裏）

7

パンツ（裏）

①裾の縫い代にジグザグ
ミシンをかける

2.5

②二つ折りにして
まつる

4 前後差ブラウス

####### photo p.06

実物大パターン B 面

出来上り寸法

バスト —— 116cm、着丈 —— 74cm(後ろ中央)、
ゆき —— 43cm

材料

着物地 —— 36cm 幅 155cm を 2 枚、135cm を 1 枚
　　　　　18cm 幅 85cm を 2 枚
ボタン —— 直径 1.2cm を 1 個
接着芯 —— 90cm 幅 20cm

作り方

1 あきを残して後ろ中心を縫い、縫い代は割る
　(p.45 参照)
2 肩を縫い、縫い代は割る(p.45 参照)
3 布ループを作る(p.78 参照)
4 見返しを縫い、衿ぐりを見返しで始末する(図参照)
5 袖山にギャザーを寄せて袖をつけ、縫い代は袖側に
　倒す(p.45 参照)
6 袖下と脇を縫い、縫い代は割る(p.45 参照)
7 前、後ろの裾布 6 枚を縫い合わせ、2 枚一緒に
　ジグザグミシンで始末する。上側にギャザーを寄せて
　身頃と縫い合わせる(p.49 参照)
8 袖口を三つ折りにして縫う
9 裾を三つ折りにして縫う

裁合せ図

＊指定以外の縫い代は 1cm
＊▨=接着芯
＊〰=ジグザグミシンを
　かけておく

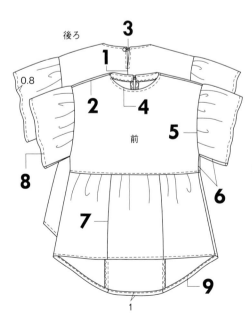

4

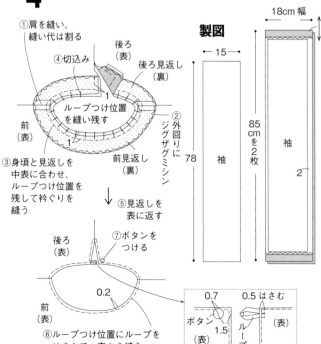

①肩を縫い、
　縫い代は割る

④切込み

③身頃と見返しを
中表に合わせ、
ループつけ位置を
残して衿ぐりを
縫う

⑤見返しを
表に返す

⑥ループつけ位置にループを
はさんで、表から縫う

⑦ボタンを
つける

製図

5 前後差チュニック

～～～～～～ photo p.07

出来上り寸法

バスト —— 116cm、着丈 —— 105cm（後ろ中央）、
ゆき —— 61cm

材料

着物地 —— 36cm 幅 130cm を 2 枚、85cm を 3 枚、75cm を 2 枚
　　　　　18cm 幅 135cm を 2 枚
ボタン —— 直径 1.3cm を 7 個

作り方

1　後ろ中心を縫い、縫い代は割る
2　肩を縫い、縫い代は後ろ側に倒す（p.49 参照）
3　袖をつけ、縫い代は袖側に倒す（p.55 参照）
4　袖下と脇を縫い、縫い代は後ろ側に倒す（p.55 参照）
5　前スカートを縫い合わせ（p.49 参照）、
　　裾を三つ折りにして縫う
6　後ろスカートを縫い合わせ（p.49 参照）、
　　裾を三つ折りにして縫う
7　スカートの脇を縫い、縫い代は割る。
　　スリットを二つ折りにして縫う
8　スカートにギャザーを寄せて身頃と縫い合わせる
　　（p.49 参照）
9　前端を三つ折りにして縫う
10　衿をつける（p.77 参照）
11　袖口にギャザーを寄せて（p.77 参照）、
　　カフスをつける（p.42 の衿つけを参照）
12　ボタンホールを作り（身頃とスカートは縦穴、
　　衿は横穴）、ボタンをつける

裁合せ図

製図

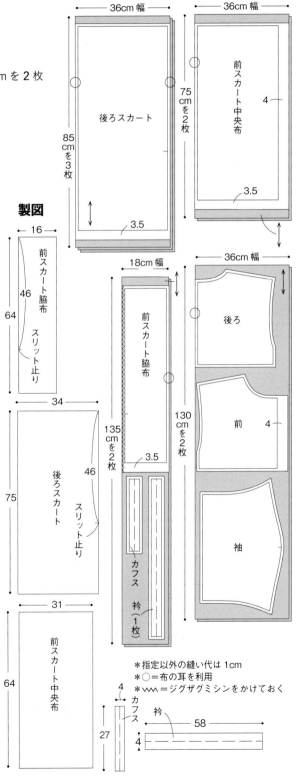

＊指定以外の縫い代は 1cm
＊○＝布の耳を利用
＊〰〰＝ジグザグミシンをかけておく

6 スタンドカラーのプルオーバー

＊＊＊＊＊＊ photo p.08

実物大パターン B面

出来上り寸法

バスト —— 116cm、着丈 —— 58cm、
ゆき —— 59cm

材料

着物地 —— 36cm幅140cmを2枚、55cmを2枚
　　　　18cm幅70cmを1枚

作り方

1 前中心を縫い、縫い代は左身頃側に倒して
　ステッチをかける(図参照)
2 後ろ中心を縫い、縫い代は左身頃側に倒して
　ステッチをかける
3 肩を縫い、縫い代は後ろ側に倒す(p.49参照)
4 袖をつけ、縫い代は袖側に倒す(p.55参照)
5 袖下と脇を縫い、縫い代は後ろ側に倒す(p.55参照)
6 衿を作り、つける(図参照)
7 袖口を三つ折りにして縫う
8 裾を三つ折りにして縫う

裁合せ図

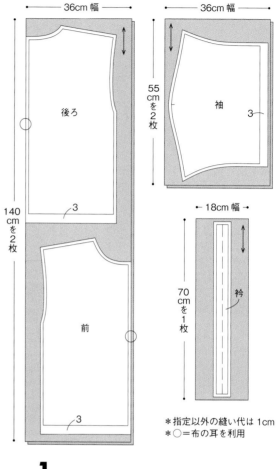

＊指定以外の縫い代は1cm
＊○＝布の耳を利用

製図

衿
62
4

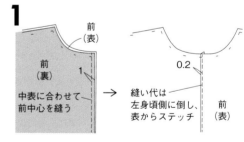

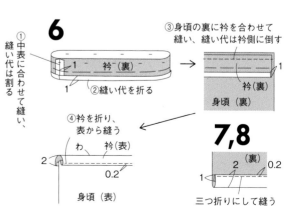

8 バックオープンベスト
======= photo p.10

出来上り寸法

バスト —— 115cm、着丈 —— 約50cm（後ろ）

材料

着物地 —— 36cm幅150cmを2枚
　　　　　18cm幅110cmを2枚
ボタン —— 直径1.5cmを3個

作り方

1　前身頃と前見返しの中心をそれぞれ縫い、縫い代は割る
2　後ろ見返しの中央布と脇布を縫い合わせ、縫い代は割る
3　身頃と見返しの肩をそれぞれ縫い、縫い代は割る
4　身頃と見返しを中表に合わせ、袖ぐり、後ろ端〜衿ぐりを
　　縫い（図参照）、表に返す
5　見返しから続けて脇を縫い（p.57参照）、縫い代は割る
6　衿ぐりと袖ぐりに表からステッチをかける
7　裾を二つ折りにしてまつる（p.39参照）
8　ボタンホールを作り、ボタンをつける

裁合せ図

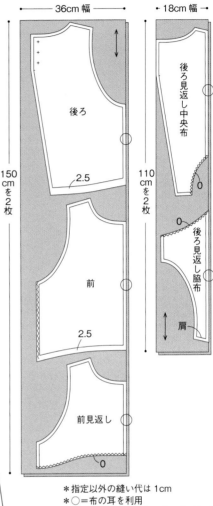

* 指定以外の縫い代は1cm
* ○＝布の耳を利用
* ＶＶＶ＝ジグザグミシンをかけておく

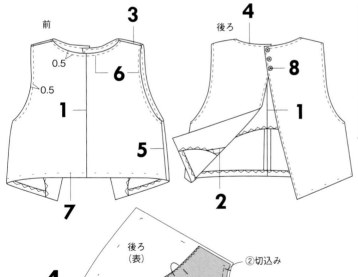

4
①身頃と見返しを
　中表に合わせて
　袖ぐりと後ろ端から
　衿ぐりを縫う
②切込み
③後ろ見返しを
　肩の間から
　引き出して
　表に返す

後ろ（表）
後ろ見返し（裏）
前見返し（裏）
前（表）

7 ブラウジングブラウス

======= photo p.09

実物大パターン B面

出来上り寸法

バスト —— 116cm、着丈 —— 58cm、
ゆき —— 69cm

材料

着物地 —— 36cm幅140cmを2枚、100cmを2枚、
40cmを1枚
18cm幅65cmを1枚
くるみボタン —— 直径1.2cmを1個
ゴムテープ —— 0.8cm幅50cm(袖口用2本分)
接着芯 —— 90cm幅20cm

作り方

1 前中央布と前脇布を縫い合わせ、縫い代は割る
（図参照）

2 あきを残して後ろ中心を縫い、縫い代は割る
（図参照）

3 肩を縫い、縫い代は割る（図参照）

4 布ループを作る(p.78参照)

5 見返しを縫い(図参照)、衿ぐりを見返しで始末する
(p.40参照)

6 袖を縫う(図参照)

7 袖をつけ、縫い代は袖側に倒す(図参照)

8 袖下と脇を縫い、縫い代は割る(図参照)

9 袖口を三つ折りにして縫い、ゴムテープを通す
(p.36参照)

10 裾を三つ折りにして縫う(図参照)

11 ひもを作り(図参照)、裾に通す

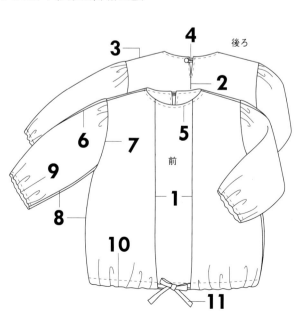

裁合せ図

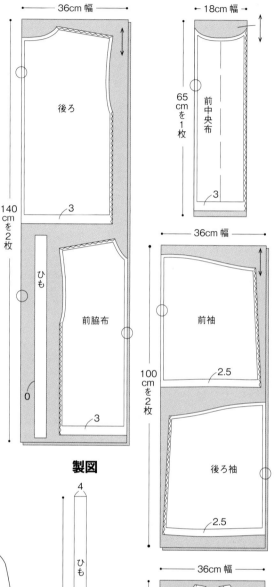

36cm幅

後ろ

140cmを2枚

3

ひも

前脇布

3

0

← 18cm幅 →

前中央布

65cmを1枚

3

36cm幅

前袖

2.5

100cmを2枚

後ろ袖

2.5

36cm幅

後ろ見返し 0

前見返し

0

2.5
2.5

くるみボタン布

布ループ

4
5

40cmを1枚

製図

4

ひも

70

＊指定以外の縫い代は1cm
＊○=布の耳を利用
＊▨=接着芯
＊〜〜=ジグザグミシンをかけておく

44

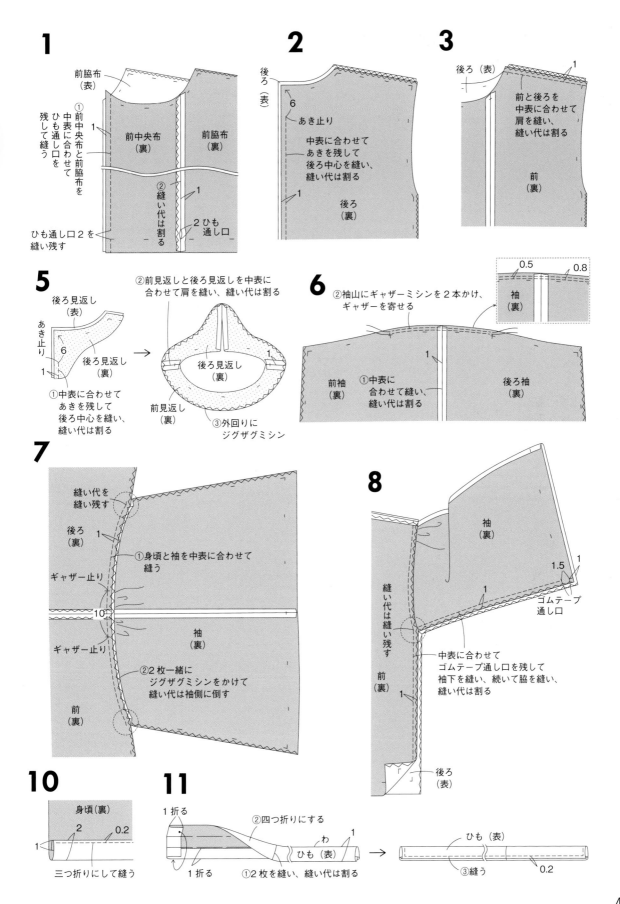

1

前脇布（表）

前中央布（裏）

前脇布（裏）

①前中央布と前脇布を中表に合わせてひも通し口を残して縫う

1

②縫い代は割る

1

2 ひも通し口

ひも通し口2を縫い残す

2

後ろ（表）

6

あき止り

中表に合わせてあきを残して後ろ中心を縫い、縫い代は割る

後ろ（裏）

1

3

後ろ（表）

1

前と後ろを中表に合わせて肩を縫い、縫い代は割る

前（裏）

5

後ろ見返し（表）

あき止り

6

後ろ見返し（裏）

1

①中表に合わせてあきを残して後ろ中心を縫い、縫い代は割る

②前見返しと後ろ見返しを中表に合わせて肩を縫い、縫い代は割る

後ろ見返し（裏）

前見返し（裏）

③外回りにジグザグミシン

6

②袖山にギャザーミシンを2本かけ、ギャザーを寄せる

0.5　0.8

袖（裏）

前袖（裏）

①中表に合わせて縫い、縫い代は割る

1

後ろ袖（裏）

7

縫い代を縫い残す

後ろ（裏）

1

ギャザー止り

10

ギャザー止り

①身頃と袖を中表に合わせて縫う

袖（裏）

②2枚一緒にジグザグミシンをかけて縫い代は袖側に倒す

前（裏）

8

袖（裏）

縫い代は縫い残す

1

1.5　1

ゴムテープ通し口

中表に合わせてゴムテープ通し口を残して袖下を縫い、続いて脇を縫い、縫い代は割る

前（裏）

1

後ろ（表）

10

身頃（裏）

2　0.2

1

三つ折りにして縫う

11

1 折る

②四つ折りにする

わ　1

1 折る

ひも（表）

①2枚を縫い、縫い代は割る

ひも（表）

③縫う

0.2

9,12 サルエルパンツ

━━━━━━ photo p.11,14

出来上り寸法

ウエスト — 116cm、パンツ丈 — 約85cm（脇）

材料

着物地 — 36cm幅125cmを1枚、110cmを3枚、
80cmを2枚

ゴムテープ — 0.9cm幅140cm（2本分）

作り方

1 中央布と脇布を縫い合わせる（図参照）

2 ウエスト布を縫い、パンツにつける（図参照）

3 ウエストを二つ折りにして縫い（図参照）、
ゴムテープを2本通す（p.36参照）

4 裾を三つ折りにして縫う（図参照）

裁合せ図

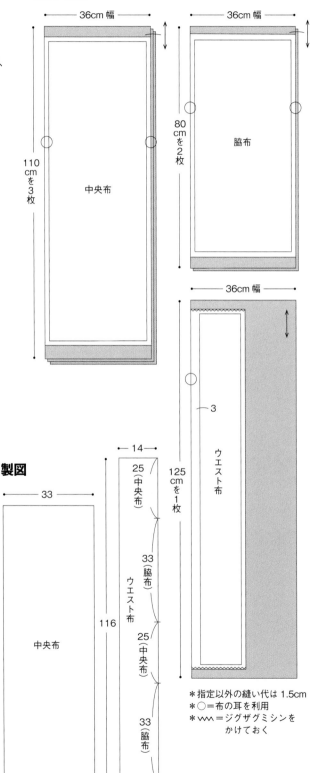

36cm幅

110cmを3枚

中央布

36cm幅

80cmを2枚

脇布

36cm幅

3

ウエスト布

125cmを1枚

* 指定以外の縫い代は1.5cm
* ○＝布の耳を利用
* 〰＝ジグザグミシンを
　　かけておく

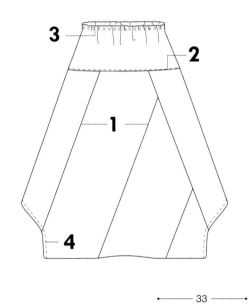

製図

脇布 33 / 70

中央布 33 / 99 / 116

ウエスト布 14
25（中央布）
33（脇布）
25（中央布）
33（脇布）

1

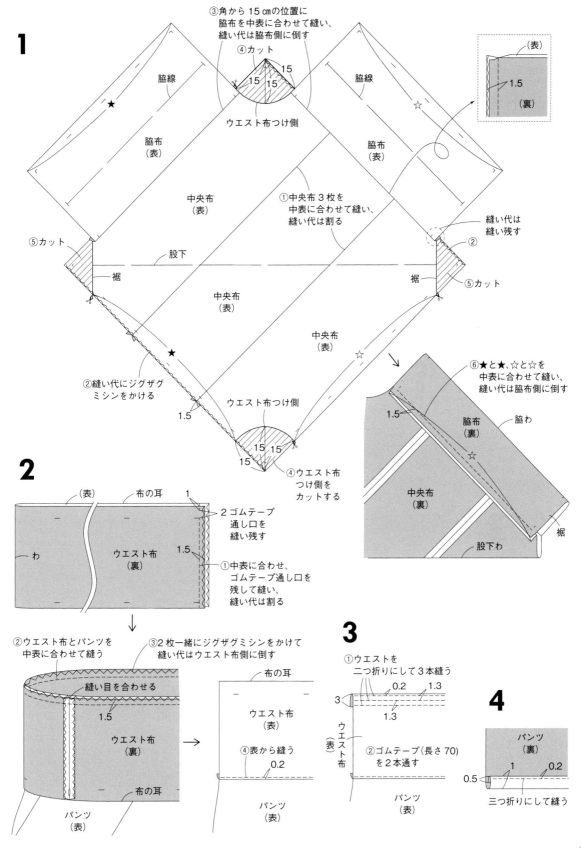

③角から15cmの位置に
脇布を中表に合わせて縫い、
縫い代は脇布側に倒す

④カット

15
15 15

脇線

脇線

★

☆

脇布
（表）

脇布
（表）

（表）

1.5

（裏）

ウエスト布つけ側

中央布
（表）

①中央布3枚を
中表に合わせて縫い、
縫い代は割る

縫い代は
縫い残す

⑤カット

②

裾

裾

⑤カット

股下

中央布
（表）

⑥★と★、☆と☆を
中表に合わせて縫い、
縫い代は脇布側に倒す

②縫い代にジグザグ
ミシンをかける

★

☆

中央布
（表）

1.5

脇布
（裏）

脇わ

1.5

ウエスト布つけ側

中央布
（裏）

15 15

15

④ウエスト布
つけ側を
カットする

股下わ

裾

2

（表）

布の耳

1

わ

ウエスト布
（裏）

1.5

2 ゴムテープ
通し口を
縫い残す

①中表に合わせ、
ゴムテープ通し口を
残して縫い、
縫い代は割る

②ウエスト布とパンツを
中表に合わせて縫う

③2枚一緒にジグザグミシンをかけて
縫い代はウエスト布側に倒す

縫い目を合わせる

1.5

ウエスト布
（裏）

パンツ
（表）

布の耳

布の耳

ウエスト布
（表）

④表から縫う
0.2

パンツ
（表）

3

①ウエストを
二つ折りにして3本縫う

0.2   1.3

3

1.3

ウエスト布
（表）

②ゴムテープ（長さ70）
を2本通す

パンツ
（表）

4

パンツ
（裏）

1   0.2

0.5

三つ折りにして縫う

10 カシュクールブラウス

✦✦✦✦✦✦✦ photo p.12

実物大パターン B面

出来上り寸法

バスト —— 116cm、着丈 —— 68cm、
ゆき —— 69cm

材料

着物地 —— 36cm幅150cmを2枚、140cmを2枚、
90cmを2枚

作り方

1 前と前端布を縫い合わせ、縫い代は割る(図参照)

2 後ろ中心を縫い、縫い代は割る。
　　後ろ衿ぐりにバイアス布をつける(図参照)

3 肩を縫い、縫い代は後ろ側に倒す(図参照)

4 衿ぐりを始末する(図参照)

5 ひもを4本を作る(p.45参照)

6 袖を縫う(図参照)

7 袖をつけ、縫い代は袖側に倒す(p.55参照)

8 袖下と脇を縫い、縫い代は後ろ側に倒す
　　(左脇はひもをはさむ。図参照)

9 裾布を縫い合わせ、ウエストにギャザーを寄せる
　　(図参照)

10 身頃と裾布を縫い合わせる(図参照)

11 右脇の裏にひもをつける(図参照)

12 前端にひもをはさみ、三つ折りにして縫う(図参照)

13 袖口を三つ折りにして縫う

14 裾を三つ折りにして縫う

裁合せ図

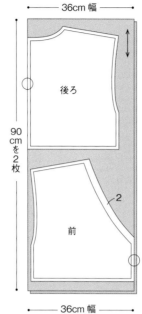

＊指定以外の縫い代は1cm
＊○＝布の耳を利用

製図

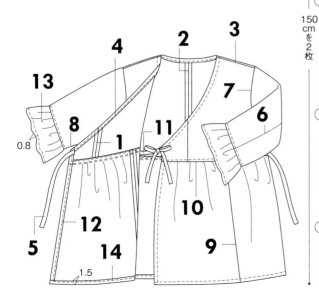

1

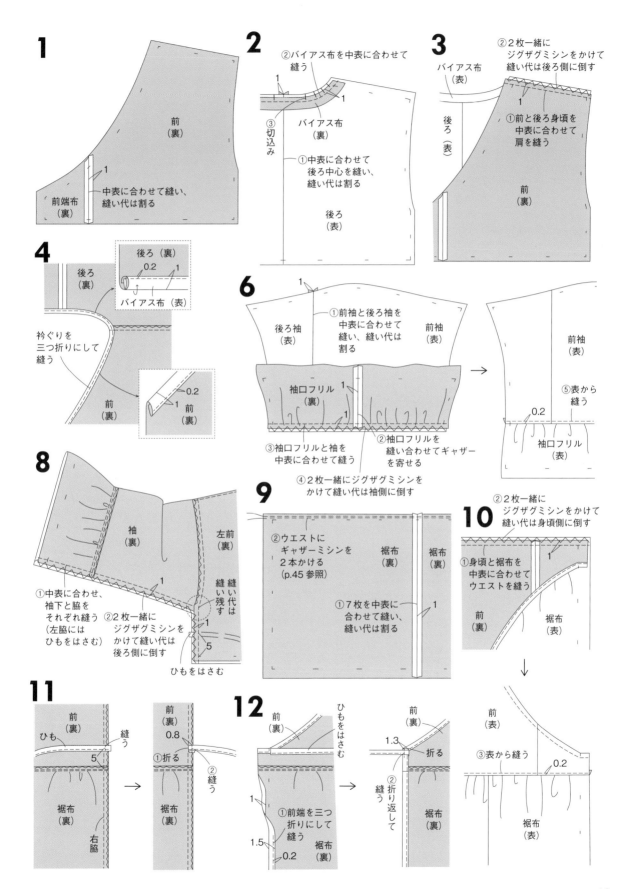

前
(裏)

前端布
(裏)

1

中表に合わせて縫い、縫い代は割る

2

1

②バイアス布を中表に合わせて縫う

1

③切込み

バイアス布
(裏)

①中表に合わせて後ろ中心を縫い、縫い代は割る

後ろ
(表)

3

②2枚一緒にジグザグミシンをかけて縫い代は後ろ側に倒す

バイアス布
(表)

後ろ
(表)

1

①前と後ろ身頃を中表に合わせて肩を縫う

前
(裏)

4

後ろ
(裏)

後ろ（裏）
0.2　1
バイアス布（表）

衿ぐりを三つ折りにして縫う

前
(裏)

0.2
1　前
(裏)

6

1

後ろ袖
(表)

①前袖と後ろ袖を中表に合わせて縫い、縫い代は割る

前袖
(表)

袖口フリル
(裏)

1

1

③袖口フリルと袖を中表に合わせて縫う

②袖口フリルを縫い合わせてギャザーを寄せる

④2枚一緒にジグザグミシンをかけて縫い代は袖側に倒す

前袖
(表)

⑤表から縫う

0.2

袖口フリル
(表)

8

袖
(裏)

左前
(裏)

①中表に合わせ、袖下と脇をそれぞれ縫う（左脇にはひもをはさむ）

②2枚一緒にジグザグミシンをかけて縫い代は後ろ側に倒す

1

縫い代は縫い残す

1
5

ひもをはさむ

9

②ウエストにギャザーミシンを2本かける
(p.45参照)

裾布
(裏)

裾布
(裏)

①7枚を中表に合わせて縫い、縫い代は割る

1

10

②2枚一緒にジグザグミシンをかけて縫い代は身頃側に倒す

①身頃と裾布を中表に合わせてウエストを縫う

1

前
(裏)

裾布
(表)

11

前
(裏)

ひも

縫う

5

前
(裏)
0.8

①折る

②縫う

裾布
(裏)

裾布
(裏)

右脇

12

前
(裏)

ひもをはさむ

前
(裏)

1

①前端を三つ折りにして縫う

1.5

0.2

裾布
(裏)

1.3

折る

②折り返して縫う

裾布
(裏)

前
(表)

③表から縫う

0.2

裾布
(表)

11 カシュクールワンピース
━━━━━━ photo p.13

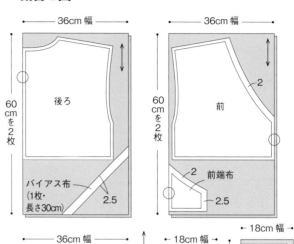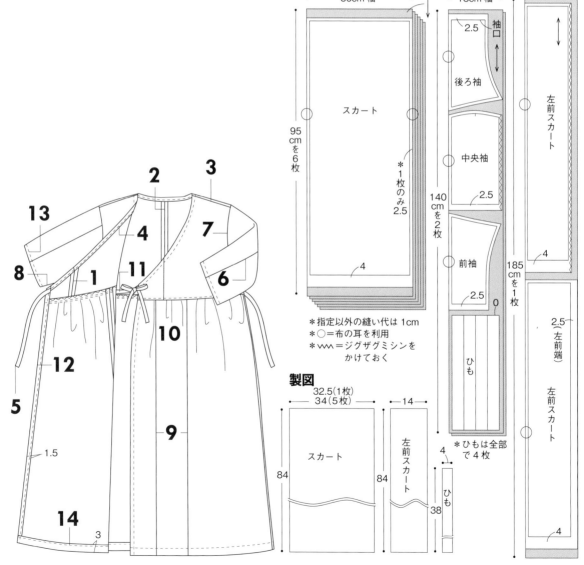

実物大パターン　B面

出来上り寸法
バスト —— 約116cm、着丈 —— 119cm、
ゆき —— 58cm

材料
着物地 —— 36cm幅95cmを6枚、60cmを4枚
　　　　　18cm幅185cmを1枚、
　　　　　140cmを2枚

作り方
袖は3枚はぎで袖口フリルはなし、スカートは8枚
はぎ。そのほかはp.48、49参照

裁合せ図

36cm幅
60cmを2枚
後ろ
バイアス布
(1枚・長さ30cm)
2.5

36cm幅
60cmを2枚
前
2
2
前端布
2.5
2.5

36cm幅
95cmを6枚
スカート
*1枚のみ2.5
4

18cm幅
2.5 袖口
後ろ袖
中央袖
2.5
前袖
2.5
0
140cmを2枚
ひも

18cm幅
左前スカート
4
185cmを1枚
2.5（左前端）
左前スカート
4

*指定以外の縫い代は1cm
*○＝布の耳を利用
*〜〜＝ジグザグミシンを
　　　かけておく

製図

32.5(1枚)
34(5枚)
スカート
84

14
左前スカート
84

4
ひも
38

*ひもは全部
で4枚

13　2　3　4　11　7
8　1　6
12　10
5　9
14　3　1.5

16 キャミソールワンピース

●●●●●● photo p.19

実物大パターン **A** 面
（ポケット・袋布は **B** 面）

出来上り寸法

ウエスト ── 106cm、
スカート丈 ── 約80cm（ウエストから）

材料

着物地 ── 36cm幅110cmを1枚、90cmを6枚、
　　　　　65cmを2枚、50cmを2枚
ボタン ── 直径1.5cmを2個
接着芯 ── 90cm幅60cm

作り方

1 肩ひもを作る（p.45参照）
2 前中心、後ろ中心をそれぞれ縫い、縫い代は割る
3 前、後ろはそれぞれ見返しで始末する（p.57参照）
4 スカートの中央布と脇布を縫い合わせ、縫い代は割る
5 ポケット袋布をつけて脇を縫う（p.68参照）
6 スカートのタックを縫う（図参照）
7 前後とスカートを縫い合わせ、縫い代は2枚一緒にジグザグミシンをかけて上側に倒してからステッチ
8 裾を三つ折りにして縫う
9 ボタンホールを作り、肩ひもにボタンをつける（つけ位置は試着して決める）

＊用尺が足りない場合、
　ポケット・袋布は裏布で裁つ

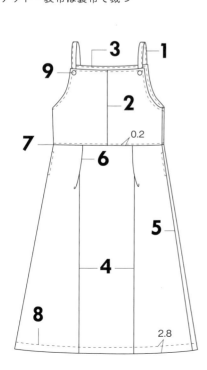

製図

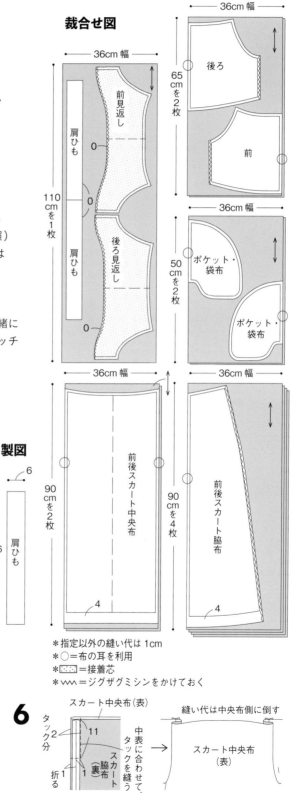

裁合せ図

＊指定以外の縫い代は1cm
＊○＝布の耳を利用
＊░＝接着芯
＊〰＝ジグザグミシンをかけておく

6　スカート中央布（表）

タック分　タック2　11　折る1　1　折る
スカート脇布（裏）
中表に合わせて、タックを縫う
→　縫い代は中央布側に倒す
スカート中央布（表）

13 テントラインのギャザースカート

〓〓〓〓〓〓 photo p.15

出来上り寸法

ウエスト — 108cm、スカート丈 — 80cm

材料

着物地 —— 36cm幅150cmを2枚、120cmを2枚
　　　　　18cm幅120cmを1枚
ゴムテープ —— 2cm幅70cm

作り方

1 中央布と脇布を縫い合わせる（図参照）

2 スリットを三つ折りにして縫う（図参照）

3 脇を縫い、縫い代は割る（図参照）

4 ウエスト布を作り、つける（図参照）

5 ウエストを二つ折りにして縫い、ゴムテープを通す
（図参照）

6 裾を三つ折りにして縫う（図参照）

裁合せ図

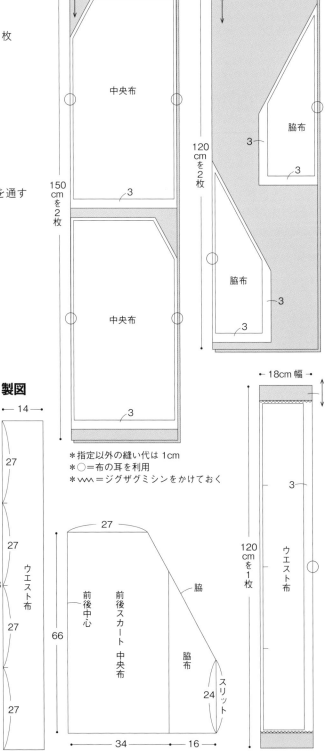

＊指定以外の縫い代は1cm
＊○＝布の耳を利用
＊〰〰＝ジグザグミシンをかけておく

製図

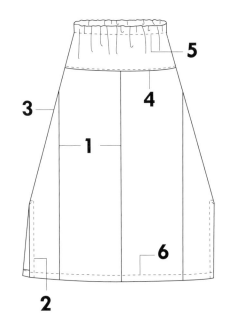

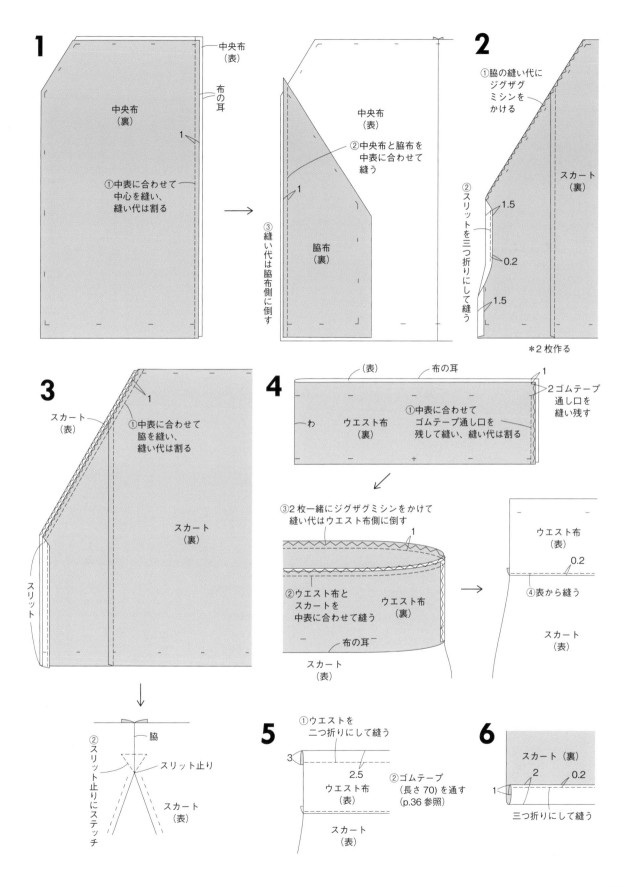

1

中央布
（表）

布の耳

中央布
（裏）

1

①中表に合わせて
中心を縫い、
縫い代は割る

中央布
（表）

②中央布と脇布を
中表に合わせて
縫う

1

脇布
（裏）

③縫い代は脇布側に倒す

2

①脇の縫い代に
ジグザグ
ミシンを
かける

スカート
（裏）

②スリットを三つ折りにして縫う

1.5

0.2

1.5

＊2枚作る

3

スカート
（表）

1

①中表に合わせて
脇を縫い、
縫い代は割る

スカート
（裏）

スリット

②スリット止りにステッチ

脇

スリット止り

スカート
（表）

4

（表）　　　布の耳

1

2ゴムテープ
通し口を
縫い残す

わ　　ウエスト布
（裏）

①中表に合わせて
ゴムテープ通し口を
残して縫い、縫い代は割る

③2枚一緒にジグザグミシンをかけて
縫い代はウエスト布側に倒す

1

②ウエスト布と
スカートを
中表に合わせて縫う

ウエスト布
（裏）

布の耳

スカート
（表）

ウエスト布
（表）

0.2

④表から縫う

スカート
（表）

5

①ウエストを
二つ折りにして縫う

3

2.5

ウエスト布
（表）

②ゴムテープ
（長さ 70）を通す
（p.36 参照）

スカート
（表）

6

スカート（裏）

2　　0.2

1

三つ折りにして縫う

14　2way ワンピース

＊＊＊＊＊＊＊ photo p.16

出来上り寸法

バスト —— 116cm、着丈 —— 116cm、
ゆき —— 49cm

材料

着物地 —— 36cm 幅 145cm を 4 枚、
　　　　　　55cm を 2 枚
　　　　 18cm 幅 130cm を 2 枚、
　　　　　　110cm を 2 枚
ボタン —— 直径 1.2cm を 9 個
接着芯 —— 90cm 幅 20cm

作り方

1　布ループを 9 本作る（p.78 参照）

2　布ループを仮どめし、前中央布と
　　前脇布を縫う（図参照）

3　布ループを仮どめし、後ろ中央布と
　　後ろ脇布を縫う（図参照）

4　肩を縫い、縫い代は割る（p.45 参照）

5　見返しを縫い、衿ぐりを見返しで
　　始末する（p.74 参照）

6　袖をつけ、縫い代は袖側に倒す
　　（図参照）

7　袖下と脇を縫い、縫い代は後ろ側に
　　倒す（図参照）

8　袖口を三つ折りにして縫い、
　　　布ループとボタンをつける（図参照）

9　裾を三つ折りにして縫う（図参照）

10　前と後ろにボタンをつける

11　ストールを縫う（図参照）

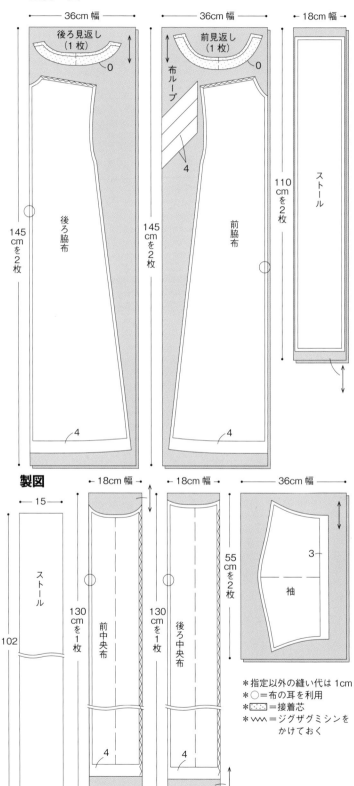

裁合せ図

製図

＊指定以外の縫い代は 1cm
＊○＝布の耳を利用
＊▨＝接着芯
＊〰＝ジグザグミシンを
　　かけておく

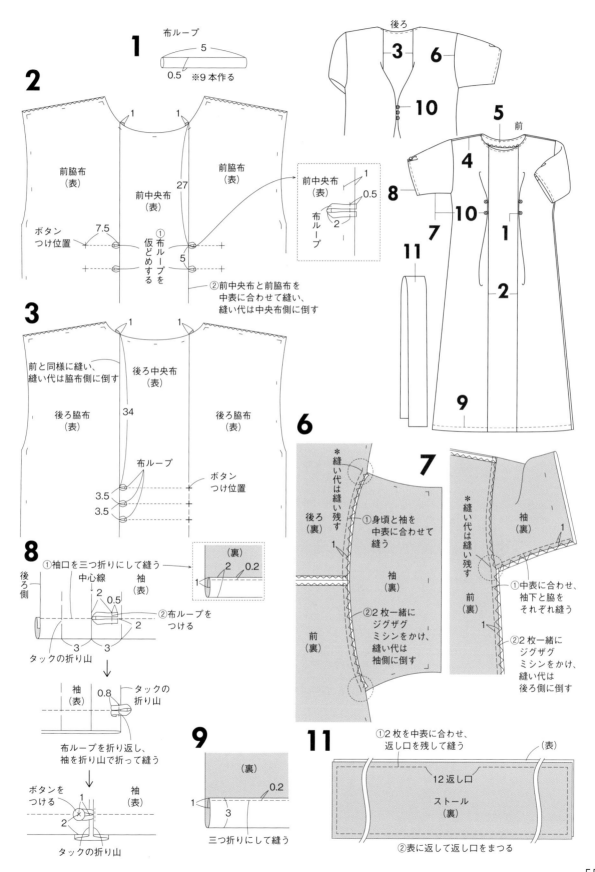

15 サロペット

######## photo p.18

実物大パターン　A面

出来上り寸法

ウエスト —— 106cm、パンツ丈 —— 約92cm（ウエストから）

材料

着物地 —— 36cm幅135cmを4枚、110cmを1枚
　　　　 18cm幅130cmを2枚
ボタン —— 直径1.5cmを2個
接着芯 —— 90cm幅60cm

作り方

1 肩ひもを作る（p.45参照）
2 前中心、後ろ中心をそれぞれ縫い、縫い代は割る
3 後ろに肩ひもをはさみ、前後と見返しを縫い合わせる
　 （図参照）
4 ポケット口を縫い、脇布につける（図参照）
5 前後パンツと脇布を縫い合わせて縫い代は割る（図参照）
6 股下を縫い、縫い代は割る（p.39参照）
7 股上を縫い、縫い代は左パンツ側に倒す（p.39参照）
8 前後とパンツを縫い合わせ、縫い代は2枚一緒に
　 ジグザグミシンをかけて上側に倒し、表からステッチ
9 裾を三つ折りにして縫う（図参照）
10 裾の脇にタックを縫う（図参照）
11 ボタンホールを作り、肩ひもにボタンをつける
　 （つけ位置は試着して決める）

裁合せ図

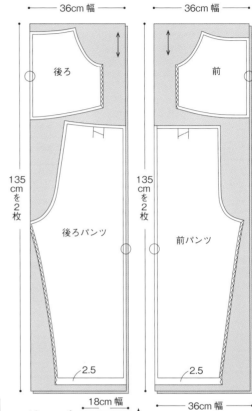

製図

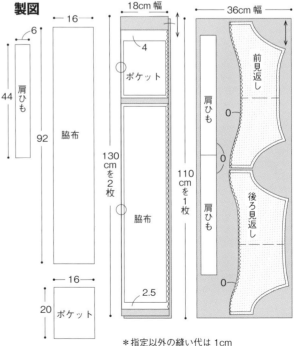

＊指定以外の縫い代は1cm
＊○＝布の耳を利用
＊▨＝接着芯
＊〜〜〜＝ジグザグミシンをかけておく

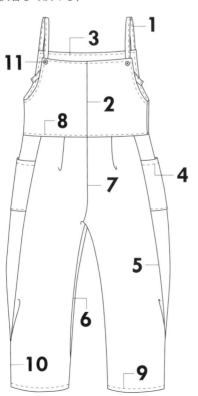

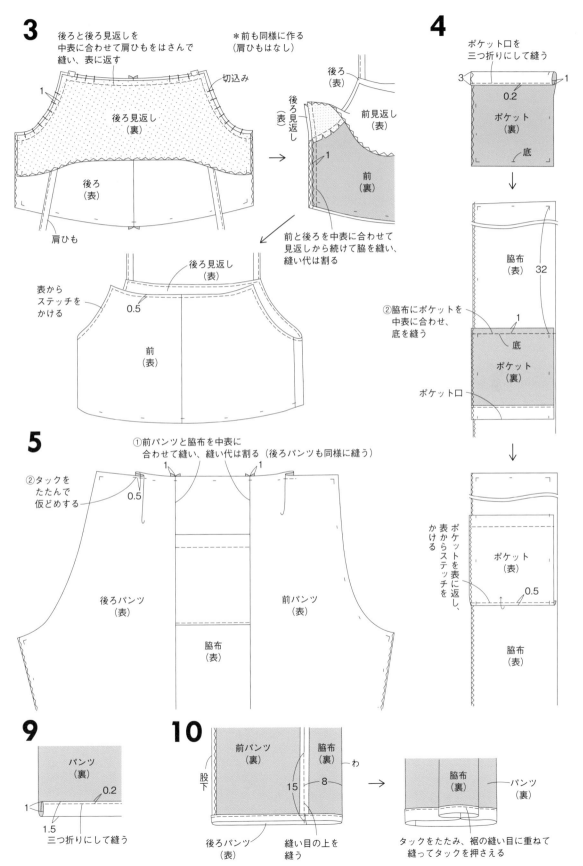

3

後ろと後ろ見返しを
中表に合わせて肩ひもをはさんで
縫い、表に返す

＊前も同様に作る
（肩ひもはなし）

切込み

1

後ろ見返し
（裏）

後ろ
（表）

後ろ
（表）

後ろ
見返し
（表）

前見返し
（表）

1

前
（裏）

肩ひも

前と後ろを中表に合わせて
見返しから続けて脇を縫い、
縫い代は割る

表から
ステッチを
かける

後ろ見返し
（表）

0.5

前
（表）

4

ポケット口を
三つ折りにして縫う

3   1

0.2

ポケット
（裏）

底

脇布
（表）   32

②脇布にポケットを
中表に合わせ、
底を縫う

1

底

ポケット
（裏）

ポケット口

ポケットを表に返し、表からステッチをかける

ポケット
（表）

0.5

脇布
（表）

5

①前パンツと脇布を中表に
合わせて縫い、縫い代は割る（後ろパンツも同様に縫う）

1   1

②タックを
たたんで
仮どめする

0.5

後ろパンツ
（表）

前パンツ
（表）

脇布
（表）

9

パンツ
（裏）

0.2

1

1.5

三つ折りにして縫う

10

前パンツ
（裏）

脇布
（裏）

わ

股
下

15   8

後ろパンツ
（表）

縫い目の上を
縫う

脇布
（裏）

パンツ
（裏）

タックをたたみ、裾の縫い目に重ねて
縫ってタックを押さえる

17 切替えギャザーのワンピース

====== photo p.20

実物大パターン B 面

出来上り寸法

バスト —— 116cm、着丈 —— 115cm、ゆき —— 49cm

材料

着物地 —— 36cm 幅 120cm を 1 枚、85cm を 5 枚、
　　　　　65cm を 2 枚、45cm を 2 枚
　　　　18cm 幅 55cm を 4 枚

作り方

1　後ろ中心を縫い、縫い代は割る（図参照）
2　脇を縫い、縫い代は後ろ側に倒す（図参照）
3　前スカートにポケットをつける（図参照）
4　スカート 5 枚を縫い合わせ、縫い代は割る
5　後ろスカートにギャザーを寄せて身頃とスカートを
　　縫い、縫い代は身頃側に倒す（図参照）
6　前中央布を縫い合わせ、縫い代は中央布側に倒す
　　（図参照）
7　肩を縫い、縫い代は後ろ側に倒す（p.49 参照）
8　袖下を縫い、袖口を三つ折りにして縫う。
　　袖口のタックを縫う（図参照）
9　袖をつけ、縫い代は袖側に倒す（図参照）
10　衿を作り、つける（p.42 参照）
11　裾を三つ折りにして縫う

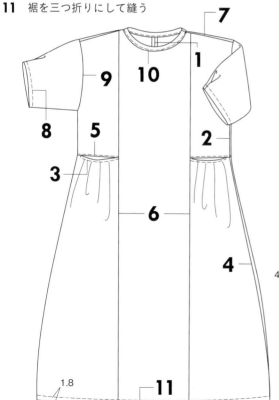

裁合せ図

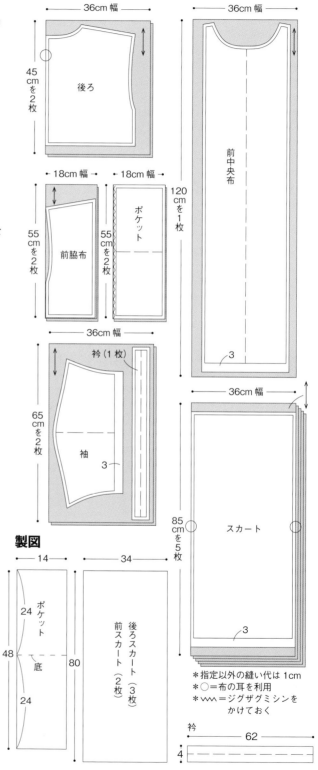

後ろ（45cm を 2 枚、36cm 幅）

前中央布（120cm を 1 枚、36cm 幅）　3

前脇布（55cm を 2 枚、18cm 幅）

ポケット（55cm を 2 枚、18cm 幅）

衿（1 枚）

袖（65cm を 2 枚、36cm 幅）　3

スカート（85cm を 5 枚、36cm 幅）　3

製図

ポケット　14
底　48　24　24

後ろスカート（3 枚）前スカート（2 枚）　34　80

衿　62　4

*指定以外の縫い代は 1cm
*○＝布の耳を利用
*〜〜＝ジグザグミシンを
　　かけておく

1

後ろ（表）

後ろ（裏）

中表に合わせて
後ろ中心を縫い、
縫い代は割る

1

2

前脇布（裏）

後ろ（表）

前脇布（裏）

①前脇布と後ろ身頃を
中表に合わせて脇を縫う

②2枚一緒にジグザグ
ミシンをかけ、縫い代は
後ろ側に倒す

1

1

3

①前スカートのウエストにギャザーミシンを
2本かけてギャザーを寄せて16cmに縮める

0.5　0.8

3残す

脇側

前スカート（表）

前側

③切込み

1　①　1

3

②ポケットを
中表に
合わせて
縫う

前スカート（表）

ポケット（裏）

前側

④ポケットを表に返し、
表からステッチをかける

0.8

ポケット（表）

前側

前スカート（裏）

⑤ポケットを底で中表に折って
ポケットの脇を縫う
（スカートはよける）

ポケット（裏）

前側

わ

0.5　　1

前スカート（裏）

⑥ポケットの前側は
スカートに仮どめをする

5

③2枚一緒にジグザグミシンをかけて
縫い代は身頃側に倒す

前脇布（裏）

後ろ（裏）

1

ポケット（裏）

②身頃とスカートを
中表に合わせて
縫う

後ろスカート（裏）

前スカート（裏）

①後ろスカートに
ギャザーを寄せる

6

1　　1

前脇布（裏）

①前中央布を
中表に合わせて
肩から裾まで縫う

前中央布（裏）

②2枚一緒に
ジグザグ
ミシンをかけ、
縫い代は
前中央布側に倒す

前脇布（裏）

後ろ（表）

0.2

後ろスカート（表）

前脇布（表）

④表から縫う

⑤ポケット口の
脇に返し縫い

前スカート（表）

8

（表）

袖（裏）

1

①中表に合わせて
袖下を縫う

②2枚一緒にジグザグ
ミシンをかけて
縫い代は後ろ側に倒す

（表）

袖（裏）

1

0.2　　2

2　　1.5

④タックを縫う

③袖口を
三つ折りに
して縫う

0.2

袖（裏）

⑤タックをたたみ、両端を縫って押さえる

9

袖（裏）

①身頃と袖を
中表に合わせて
袖ぐりを縫う

前（裏）

②2枚一緒に
ジグザグ
ミシンをかけ、
縫い代は
袖側に倒す

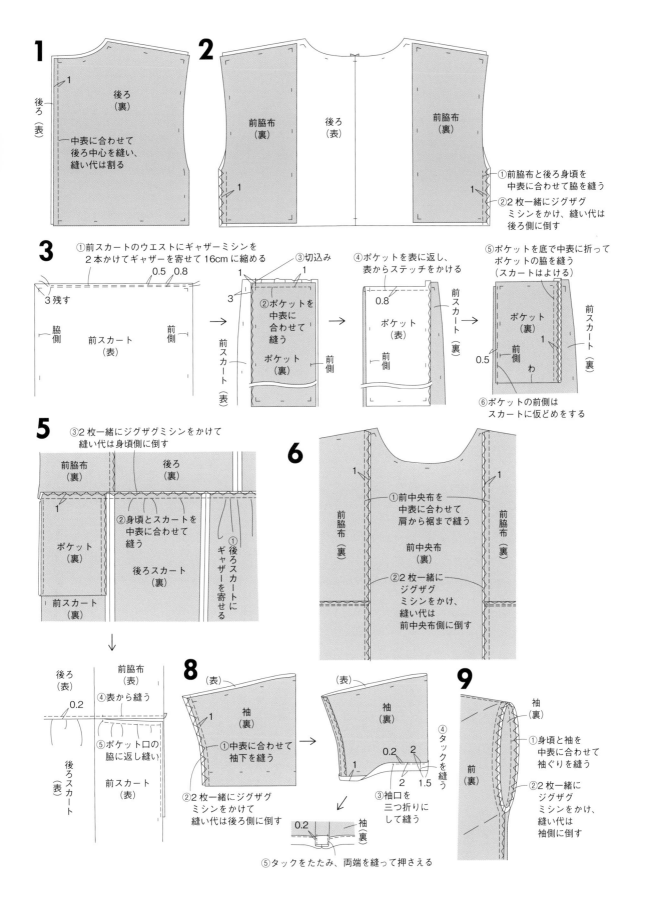

18 チャイニーズ風チュニック

出来上り寸法
バスト —— 116cm、着丈 —— 114cm、ゆき —— 39cm

材料
着物地 —— 36cm幅 150cm を 3枚、130cm、120cm を各1枚、
　　　　 55cm を 2枚
パイピングテープ —— 0.2cm幅 210cm
チャイナボタン —— 3組み
スナップ —— 小2組み
かぎホック —— 小1組み
接着芯 —— 90cm幅 70cm

作り方
1　後ろ中心を縫い、縫い代は割る
2　左前A、B、Cを縫い合わせて縫い代は割り、
　　あきを見返しで始末する（図参照）
3　右前身頃のあきを縫い、左前身頃と縫い合わせる（図参照）
4　肩を縫い、縫い代は割る（p.45参照）
5　衿を作り、つける（図参照）
6　袖口を見返しで始末して袖下を縫う。袖をつける（p.59参照）
7　ポケット・袋布をつけて脇を縫う
　　（p.68参照。スリットは縫い残す）
8　スリットを三つ折りにして縫う（図参照）
9　裾を三つ折りにして縫う
10　チャイナボタン、かぎホック、スナップをつける（図参照）

裁合せ図

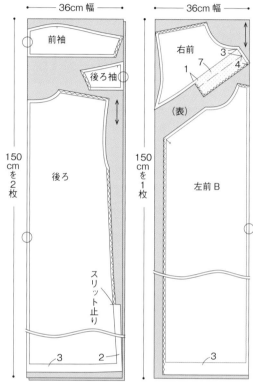

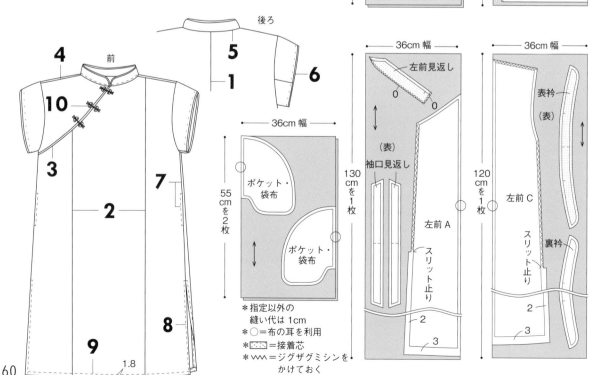

＊指定以外の
　縫い代は 1cm
＊○＝布の耳を利用
＊▨＝接着芯
＊〰＝ジグザグミシンを
　かけておく

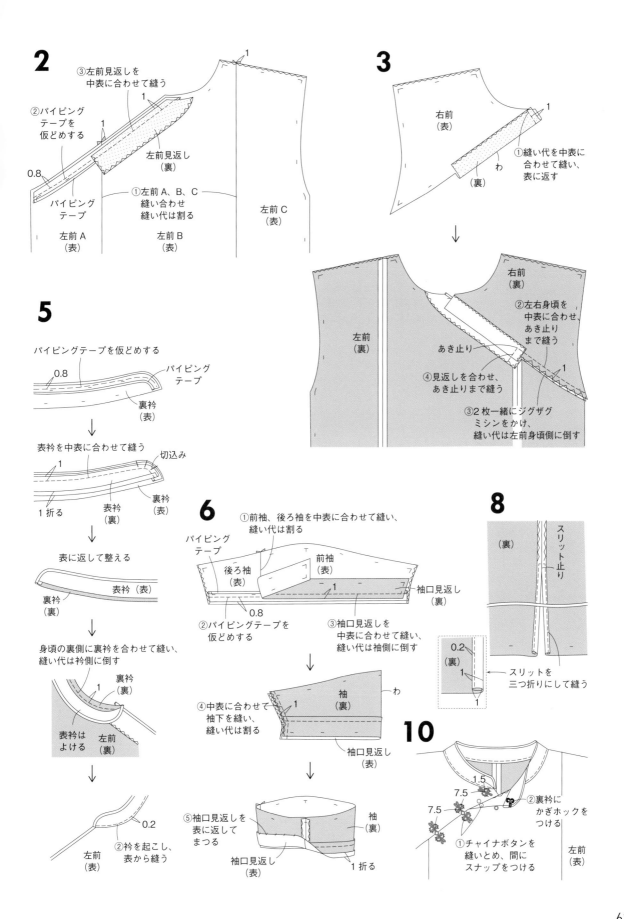

2

③左前見返しを中表に合わせて縫う

②パイピングテープを仮どめする

1

0.8

パイピングテープ

①左前A、B、C 縫い合わせ 縫い代は割る

左前見返し（裏）

左前A（表）

左前B（表）

左前C（表）

3

右前（表）

①縫い代を中表に合わせて縫い、表に返す

わ

（裏）

1

右前（裏）

②左右身頃を中表に合わせ、あき止りまで縫う

左前（裏）

あき止り

④見返しを合わせ、あき止りまで縫う

③2枚一緒にジグザグミシンをかけ、縫い代は左前身頃側に倒す

1

5

パイピングテープを仮どめする

0.8

パイピングテープ

裏衿（表）

表衿を中表に合わせて縫う

1

切込み

1折る

表衿（裏）

裏衿（表）

表に返して整える

表衿（表）

裏衿（裏）

身頃の裏側に裏衿を合わせて縫い、縫い代は衿側に倒す

裏衿（裏）

1

表衿はよける

左前（裏）

0.2

②衿を起こし、表から縫う

左前（裏）

6

①前袖、後ろ袖を中表に合わせて縫い、縫い代は割る

パイピングテープ

後ろ袖（表）

前袖（表）

1

袖口見返し（裏）

0.8

②パイピングテープを仮どめする

③袖口見返しを中表に合わせて縫い、縫い代は袖側に倒す

④中表に合わせて袖下を縫い、縫い代は割る

袖（裏）

わ

1

袖口見返し（表）

⑤袖口見返しを表に返してまつる

袖（裏）

袖口見返し（表）

1折る

8

（裏）

スリット止り

0.2（裏）

1

1

スリットを三つ折りにして縫う

10

1.5

7.5

7.5

①チャイナボタンを縫いとめ、間にスナップをつける

②裏衿にかぎホックをつける

左前（表）

19 スクエアネックのワンピース

‖‖‖‖‖‖‖ photo p.22

実物大パターン B面

出来上り寸法

バスト —— 116cm、着丈 —— 106cm、
ゆき —— 29cm

材料

着物地 —— 36cm幅 120cmを2枚、110cmを1枚、
　　　　　60cmを2枚
　　　　　18cm幅 120cmを2枚、30cmを4枚
くるみボタン —— 直径1.2cmを1個
接着芯 —— 90cm幅40cm

作り方

1　あきを残して後ろ中心を縫い、縫い代は割る(p.45参照)
2　前中央布のタックと上端を縫い、前脇布と縫い合わせて
　　縫い代は前脇布側に倒す(図参照)
3　布ループを作り(p.78参照)、後ろ衿ぐりを衿ぐり見返しで
　　始末する(図参照)
4　肩を縫って縫い代は割り、衿ぐりにステッチをかける
　　(図参照)
5　袖ぐり見返しを縫い、袖ぐりを袖ぐり見返しで始末する
　　(図参照)
6　ポケット・袋布をつけて脇を縫い、縫い代は割る(p.68参照)
7　裾を三つ折りにして縫う(図参照)
8　くるみボタンをつける(図参照)

裁合せ図

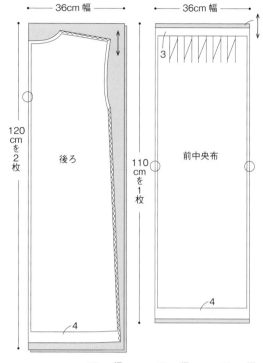

製図

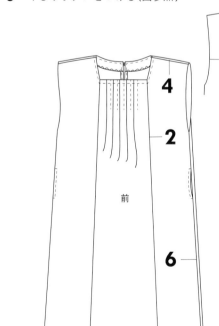

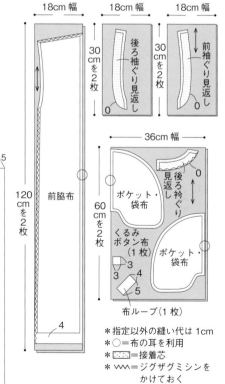

＊指定以外の縫い代は1cm
＊○＝布の耳を利用
＊▨＝接着芯
＊〰＝ジグザグミシンを
　　かけておく

2

①タックを縫う

1.5　　15

前中央布
（表）

→

②上端を三つ折りにして縫う

0.2　　　2　1

前中央布
（裏）

→

布の耳　　前脇布（表）　　布の耳

前脇布
（裏）

③前中央布と
前脇布を
中表に
合わせて縫い、
縫い代は
前脇布側に
倒す

1

前中央布
（裏）

3

ループつけ位置
を縫い残す

後ろ衿ぐり見返し（裏）　1

縫い代を縫い残す

②切込み

1

後ろ衿ぐり見返し（裏）

①身頃と衿ぐり見返しを
中表に合わせ、
後ろ衿ぐりを縫う
（右後ろはループつけ位置
を縫い残す）

後ろ
（表）

↓

③衿ぐり見返しを表に返す

0.5 はさむ

布ループ

（表）

衿ぐり見返し
（表）

④縫い残したところに
布ループをはさんで
縫う

後ろ
（表）

4

衿ぐり見返しは
よける

衿見返し
（表）

①前と後ろを
中表に合わせて肩を縫い、
縫い代は割る

1

縫い代は縫い残す

後ろ
（裏）

前
（表）

↓

前
（裏）

③衿ぐりと後ろあき
にステッチを
かける

0.7

②衿ぐり見返しを
肩の縫い代に
まつる

1

後ろ
（裏）

5

①前、後ろ袖ぐり見返しを
中表に合わせて肩を縫い、
縫い代は割る

1

前袖ぐり見返し
（裏）

後ろ袖ぐり見返し
（表）

②外回りに
ジグザグ
ミシン

→

②身頃と袖ぐり見返しを
中表に合わせて袖ぐりを縫い、
縫い代は身頃側に倒す

袖ぐり見返し
（裏）

1

④切込み

縫い代は
縫い残す

前
（表）

→

⑥まつる

袖ぐり見返し（表）

⑤袖ぐり見返しを
表に返す

前
（裏）

7

（裏）

0.2

1　　3

三つ折りにして縫う

8

くるみボタンをつける

0.7

1.5

後ろ
（表）

63

20 ノーカラーのジャケット

✦✦✦✦✦✦ photo p.23

実物大パターン B面

出来上り寸法

バスト —— 116cm、着丈 —— 51.5cm、
ゆき —— 71cm

材料

着物地 —— 36cm 幅 120cm を 2 枚、40cm を 2 枚、
　　　　　 70cm を 1 枚
　　　　　 18cm 幅 50cm を 4 枚
バイアステープ —— 12.7mm 幅 150cm
接着芯 —— 90cm 幅 60cm

作り方

1　後ろ中心を縫い、縫い代は割る
2　肩を縫い、縫い代は割る（p.45 参照）
3　見返しを縫い、衿ぐりを見返しで始末する
　　（p.73 参照）
4　袖を縫う（図参照）
5　袖をつけ、縫い代は袖側に倒す（p.55 参照）
6　袖下と脇を縫い、縫い代は割る（p.55 参照）
7　カフスを二つ折りにしてまつる（図参照）
8　裾を三つ折りにして縫う（図参照）

裁合せ図

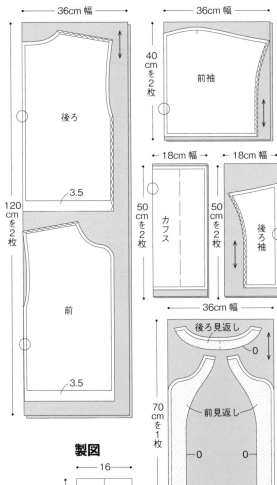

* 指定以外の縫い代は 1cm
* ○＝布の耳を利用
* ▨▨▨＝接着芯
* ∿∿∿＝ジグザグミシンを
　　　　かけておく

製図

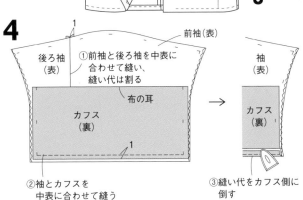

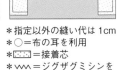
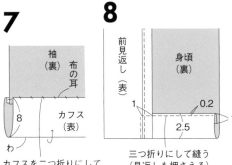

4
①前袖と後ろ袖を中表に
　合わせて縫い、
　縫い代は割る
前袖（表）
後ろ袖（表）
布の耳
袖（表）
カフス（裏）
②袖とカフスを
　中表に合わせて縫う
③縫い代をカフス側に
　倒す
カフス（裏）

7
袖（裏）
布の耳
カフス（表）
わ
カフスを二つ折りにして
まつる

8
前見返し（表）
身頃（裏）
三つ折りにして縫う
（見返しも押さえる）

21 ボートネックのコクーンワンピース

━━━━━━━ photo p.24

出来上り寸法
バスト —— 115cm、
着丈 —— 99cm

材料
着物地 —— 36cm 幅 155cm を 4 枚、65cm を 2 枚

作り方
p.66 〜 68 参照

実物大パターン **A** 面
（ポケット・袋布は **B** 面）

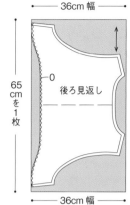

65cm を 1 枚

後ろ見返し

0

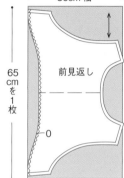

65cm を 1 枚

前見返し

0

36cm 幅

前後スカート上段

155cm を 2 枚

前後スカート下段

4

裾

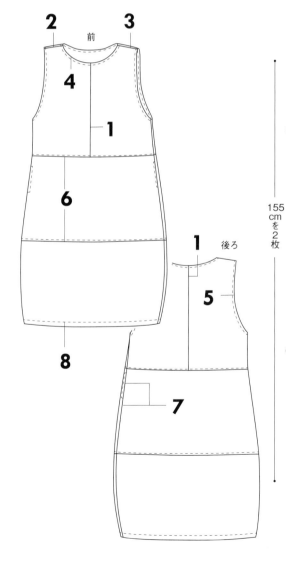

前

2　3

4

1

6

8

1　後ろ

5

7

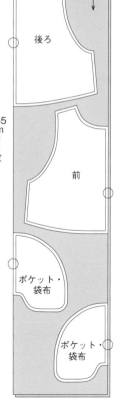

裁合せ図

36cm 幅

後ろ

前

ポケット・袋布

ポケット・袋布

155cm を 2 枚

＊指定以外の縫い代は 1cm
＊○＝布の耳を利用
＊〰〰＝ジグザグミシンを
　かけておく

65

22 Vネックのコクーンワンピース

✚✚✚✚✚✚✚ photo p.25

実物大パターン **A** 面
（ポケット・袋布は **B** 面）

出来上り寸法

バスト —— 115cm、着丈 —— 99cm

材料

着物地 —— 36cm 幅 155cm を 4 枚、65cm を 2 枚

作り方

1 前中心、後ろ中心をそれぞれ縫い、縫い代は割る

2 肩を縫い、縫い代は割る

3 見返しの肩を縫い、縫い代は割る

4 衿ぐりを見返しで始末する（図参照）

5 袖ぐりを見返しで始末する（図参照）

6 身頃とスカート上段、下段を縫い、
縫い代は上側に倒す（p.68 参照）

7 ポケット・袋布をつけて脇を縫い、
ポケットを作る（p.68 参照）

8 裾を二つ折りにして縫う（p.68 参照）

裁合せ図

*指定以外の縫い代は 1cm
*○＝布の耳を利用
*〰＝ジグザグミシンを
　かけておく

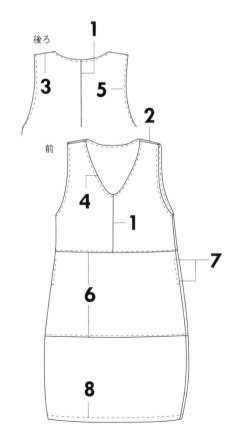

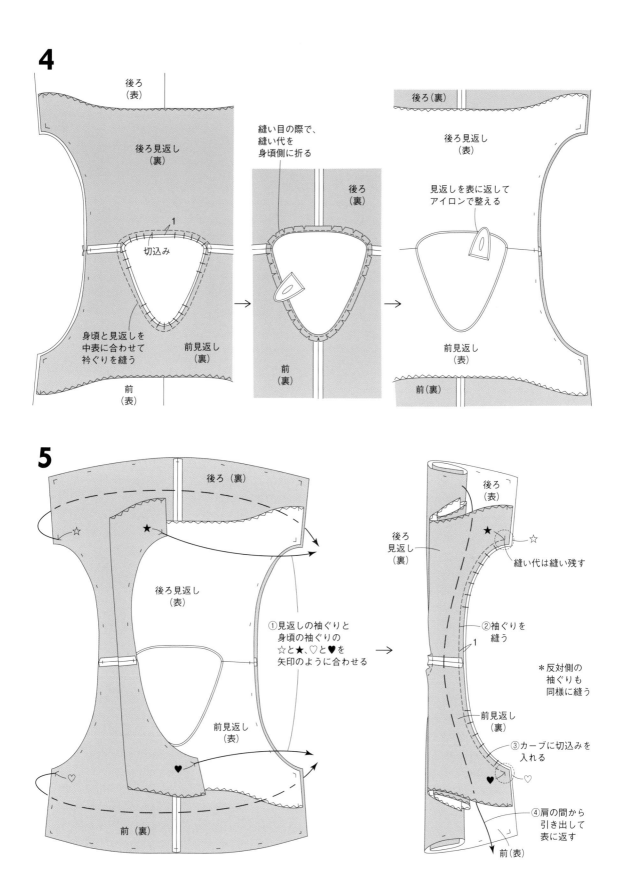

4

後ろ
（表）

後ろ見返し
（裏）

1

切込み

身頃と見返しを
中表に合わせて
衿ぐりを縫う

前見返し
（裏）

前
（表）

縫い目の際で、
縫い代を
身頃側に折る

後ろ
（裏）

前
（裏）

後ろ
（裏）

後ろ見返し
（表）

見返しを表に返して
アイロンで整える

前見返し
（表）

前（裏）

5

後ろ（裏）

☆

★

後ろ見返し
（表）

①見返しの袖ぐりと
身頃の袖ぐりの
☆と★、♡と♥を
矢印のように合わせる

前見返し
（表）

♡

前（裏）

後ろ
（表）

★

後ろ
見返し
（裏）

☆

縫い代は縫い残す

②袖ぐりを
縫う

1

＊反対側の
袖ぐりも
同様に縫う

前見返し
（裏）

③カーブに切込みを
入れる

♥

♡

④肩の間から
引き出して
表に返す

前（表）

6

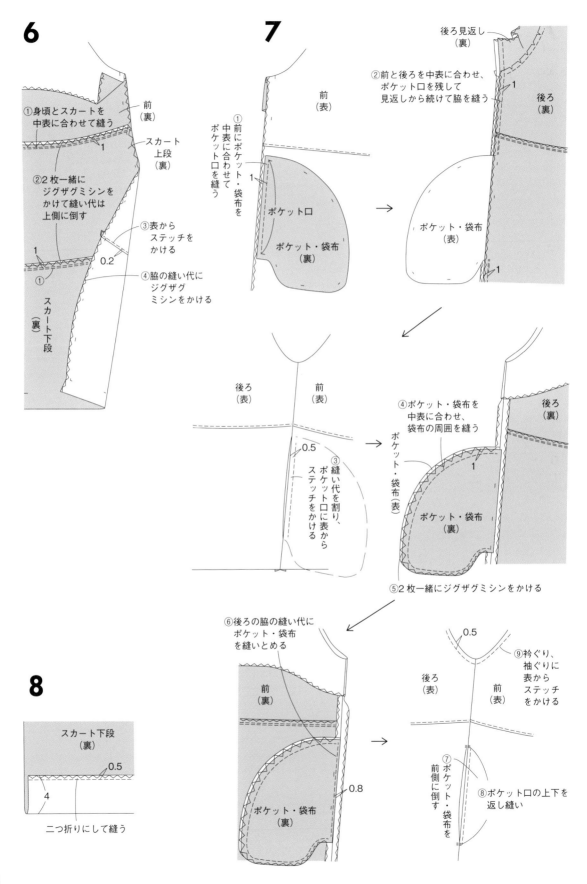

①身頃とスカートを
中表に合わせて縫う

前
(裏)

スカート
上段
(裏)

1

②2枚一緒に
ジグザグミシンを
かけて縫い代は
上側に倒す

③表から
ステッチを
かける

1

0.2

①

④脇の縫い代に
ジグザグ
ミシンをかける

スカート下段
(裏)

7

前
(表)

①前にポケット・袋布を
中表に合わせて
ポケット口を縫う

1

ポケット口

ポケット・袋布
(裏)

後ろ見返し
(裏)

②前と後ろを中表に合わせ、
ポケット口を残して
見返しから続けて脇を縫う

1

後ろ
(裏)

ポケット・袋布
(表)

1

→

後ろ
(表)

前
(表)

0.5

③縫い代を割り、
ポケット口に表から
ステッチを
かける

→

④ポケット・袋布を
中表に合わせ、
袋布の周囲を縫う

後ろ
(裏)

ポケット・袋布(表)

1

ポケット・袋布
(裏)

⑤2枚一緒にジグザグミシンをかける

8

スカート下段
(裏)

0.5

4

二つ折りにして縫う

⑥後ろの脇の縫い代に
ポケット・袋布
を縫いとめる

前
(裏)

0.8

ポケット・袋布
(裏)

→

後ろ
(表)

0.5

前
(表)

⑨衿ぐり、
袖ぐりに
表から
ステッチ
をかける

⑦ポケット・袋布を
前側に倒す

⑧ポケット口の上下を
返し縫い

23 7分袖のブラウス

✖✖✖✖✖✖ photo p.26

実物大パターン B面

出来上り寸法

バスト —— 116cm、着丈 —— 45cm、
ゆき —— 61cm

材料

着物地 —— 36cm幅70cm、40cmを各2枚
18cm幅130cm、90cmを各1枚、
35cmを2枚
ボタン —— 直径1.1cmを4個

作り方

1 後ろ中心を縫い、縫い代は割る
2 肩を縫い、縫い代は割る（p.45参照）
3 前袖、後ろ袖を縫い、縫い代は割る
4 袖をつけ、縫い代は袖側に倒す（p.55参照）
5 袖下と脇を縫い、縫い代は後ろ側に倒す
（p.55参照）
6 裾布をつけ、縫い代は裾布側に倒し、
表からステッチをかける（図参照）
7 裾を三つ折りにして縫う（図参照）
8 前端を三つ折りにして縫う（図参照）
9 衿をつける（p.77参照）
10 カフスを縫い、つける（p.42の衿つけ参照）
11 ボタンホールを作り（身頃は縦穴、衿は横穴）、
ボタンをつける

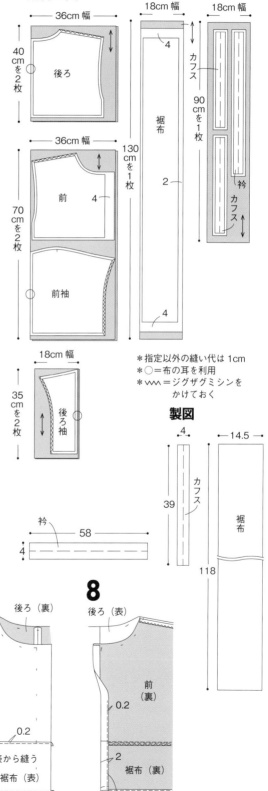

裁合せ図

＊指定以外の縫い代は1cm
＊○＝布の耳を利用
＊〰＝ジグザグミシンを
　　かけておく

製図

69

24,25 タック&ギャザースカート

━━━━━━━ photo p.26,27

出来上り寸法

ウエスト ── 108cm、
スカート丈 ── 83cm

材料

着物地 ── 36cm幅 85cmを6枚
　　　　　 18cm幅 115cmを1枚
ゴムテープ ── 2cm幅 70cm

作り方

1　スカート3枚を縫い合わせて
　　縫い代は割り、タックを縫う（図参照）

2　脇を縫い、縫い代は割る

3　ウエストベルトをつけ、ゴムテープを
　　通す(p.39 参照)

4　裾を三つ折りにして縫う

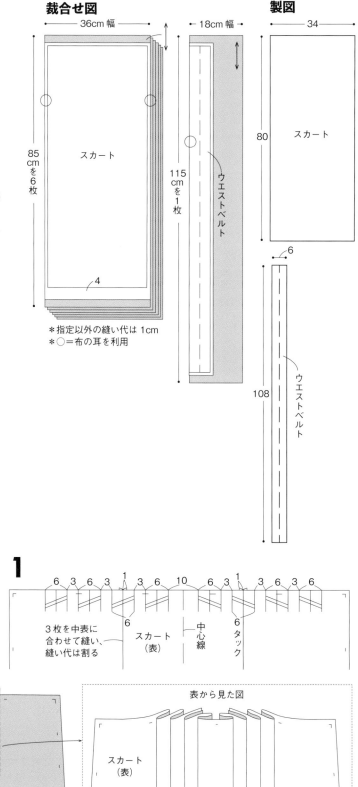

裁合せ図

36cm幅

スカート

85cmを6枚

4

115cm を1枚を1枚

ウエストベルト

18cm幅

＊指定以外の縫い代は1cm
＊○＝布の耳を利用

製図

34

スカート

80

6

108

ウエストベルト

3

2

4　1　　2.8

1

6　3　6　3　1　3　6　10　6　3　1　3　6　3　6

6　　　　　　　　　6

3枚を中表に
合わせて縫い、
縫い代は割る

スカート
（表）

中心線

タック

タックを縫い、縫い代は
中心側に倒す

17

＊もう1枚作る

スカート
（裏）

表から見た図

スカート
（表）

70

27 ボーカラーのワンピース

╫╫╫╫╫╫╫ photo p.29

実物大パターン B面

出来上り寸法

バスト —— 116cm、着丈 —— 110cm、
ゆき —— 70cm

材料

着物地 —— 36cm幅 45cm を 4 枚、70cm を 2 枚、
　　　　　　80cm を 6 枚
　　　　　　18cm幅 150cm を 2 枚
接着芯 —— 90cm幅 100cm

作り方

1　前中心を縫い、縫い代は割る
2　前衿ぐりを見返しで始末する(図参照)
3　後ろ端を三つ折りにして縫う
4　肩を縫い、縫い代は後ろ側に倒す(p.49 参照)
5　衿を作り、つける(図参照)
6　袖山にギャザーを寄せて袖をつけ、
　　縫い代は袖側に倒す(p.45 参照)
7　袖下と脇を縫い、縫い代は後ろ側に倒す
　　(p.55 参照)
8　カフスを作り、袖口にギャザーを寄せて
　　カフスをつける(p.42 の衿つけ参照)
9　スカート 6 枚を縫い合わせて輪にし、
　　ウエストにギャザーを寄せて身頃のつけ寸法に
　　合わせる(p.49 参照)
10　裾を三つ折りにして縫う
11　後ろ身頃を重ねて、スカートと縫い合わせ、
　　縫い代は身頃側に倒す(p.49 参照)

裁合せ図

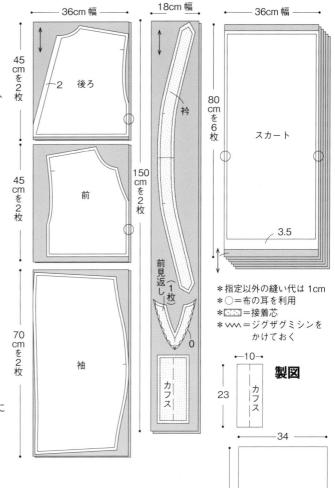

＊指定以外の縫い代は 1cm
＊○=布の耳を利用
＊▨=接着芯
＊〰=ジグザグミシンを
　　　かけておく

製図

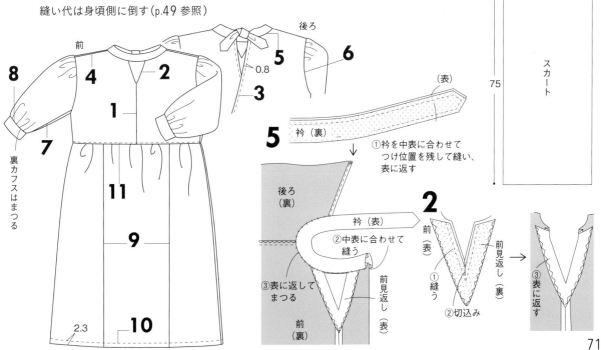

71

26 シンプルロングジャケット

※※※※※ photo p.28

photo p.28

実物大パターン **B面**

出来上り寸法

バスト —— 116cm、着丈 —— 87.5cm、
ゆき —— 75cm

材料

着物地 —— 36cm幅 155cm、100cmを各2枚、120cmを1枚
　　　　　18cm幅 100cmを1枚、55cmを2枚
ボタン —— 直径2.5cmを4個
バイアステープ —— 12.7cm幅240cm
接着芯 —— 90cm幅100cm

作り方

1　後ろと後ろ中央布を縫い合わせ、タックを縫う（図参照）

2　肩を縫い、縫い代は割る（p.45参照）

3　見返しの肩を縫い、縫い代を割る。外回りを
　　バイアステープでくるむ（図参照）

4　見返しで始末する（図参照）

5　前袖、後ろ袖を縫い、縫い代は割る

6　袖をつけ、縫い代は袖側に倒す（p.55参照）

7　袖下と脇を縫い、縫い代は後ろ側に倒す（p.55参照）

8　袖口を三つ折りにして縫う

9　裾を三つ折りにして縫う

10　見返しの端を縫い代にまつる（図参照）

11　ボタンホールを作り、ボタンをつける（図参照）

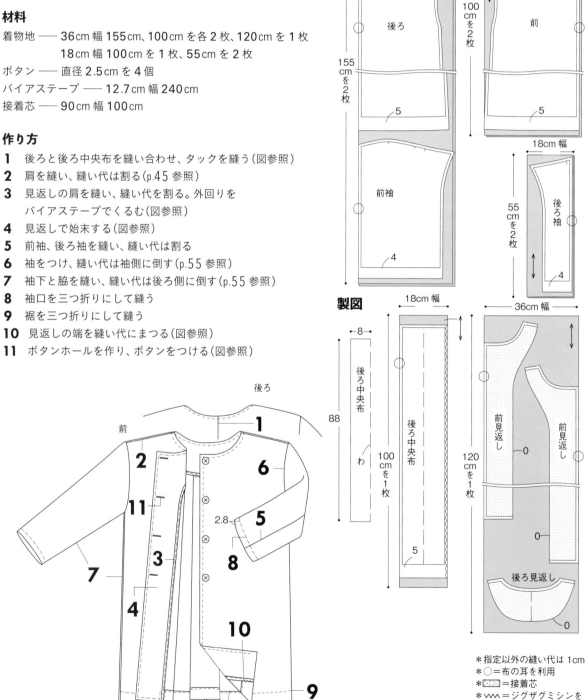

裁合せ図

製図

* 指定以外の縫い代は1cm
* ○＝布の耳を利用
* ▨＝接着芯
* ∿＝ジグザグミシンをかけておく

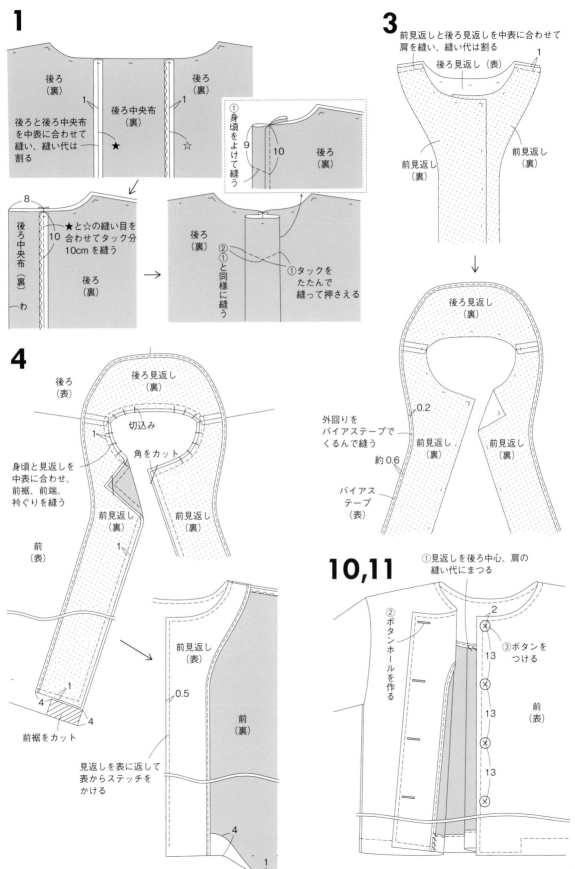

1

後ろ（裏）
後ろ中央布（裏）
後ろ（裏）

1　1

後ろと後ろ中央布を中表に合わせて縫い、縫い代は割る

★

☆

①身頃をよけて縫う

9　10

後ろ（裏）

8

後ろ中央布（裏）

10

後ろ（裏）

★と☆の縫い目を合わせてタック分10cmを縫う

わ

後ろ（裏）

②①と同様に縫う

①タックをたたんで縫って押さえる

3

前見返しと後ろ見返しを中表に合わせて肩を縫い、縫い代は割る

1

後ろ見返し（表）

前見返し（裏）

前見返し（裏）

後ろ見返し（裏）

外回りをバイアステープでくるんで縫う

0.2

前見返し（裏）

前見返し（裏）

約0.6

バイアステープ（表）

4

後ろ（表）

後ろ見返し（裏）

切込み

角をカット

身頃と見返しを中表に合わせ、前裾、前端、衿ぐりを縫う

前見返し（裏）

前見返し（裏）

1

前（表）

1

4　4

前裾をカット

前見返し（表）

0.5

前（裏）

見返しを表に返して表からステッチをかける

4

1

10,11

①見返しを後ろ中心、肩の縫い代にまつる

2

②ボタンホールを作る

③ボタンをつける

13

13

前（表）

13

13

28 黒留袖のフォーマルドレス

╫╫╫╫╫╫╫ photo p.30

実物大パターン B面

出来上り寸法

バスト — 116cm、着丈 — 126cm、
ゆき — 59cm

材料

着物地 — 36cm幅145cmを4枚、55cmを2枚
　　　　18cm幅130cmを2枚、110cmを2枚
くるみボタン — 直径1.2cmを9個
接着芯 — 90cm幅20cm

作り方

p.54、55 参照

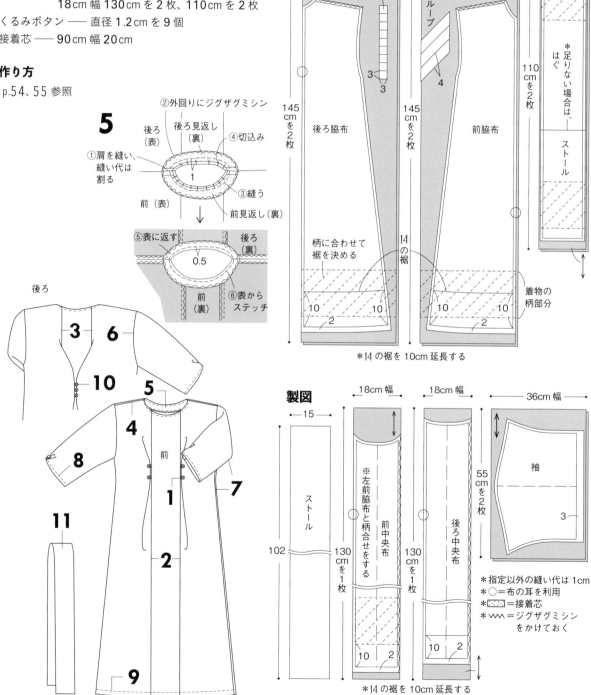

裁合せ図

*14の裾を10cm延長する

製図

*14の裾を10cm延長する

*指定以外の縫い代は1cm
*○=布の耳を利用
*▨=接着芯
*∿∿=ジグザグミシン
　　　をかけておく

30 フレンチスリーブのブラウス

✖✖✖✖✖✖ photo p.32

出来上り寸法

バスト —— 126cm、着丈 —— 49cm、
ゆき —— 32cm

材料

着物地 —— 36cm幅90cmを2枚
　　　　　18cm幅150cmを1枚、50cmを2枚
くるみボタン —— 直径1.3cmを4個
接着芯 —— 90cm幅50cm

作り方

1　後ろ中心を縫い、縫い代は割る
2　見返しの後ろ中心を縫って縫い代は割り、
　　外回りにジグザグミシンをかける
3　衿ぐりと前端を見返しで始末する（p.73参照）
4　脇を縫い、縫い代は割る。袖口を縫う（図参照）
5　身頃と裾布を縫い、縫い代は裾布側に倒す（図参照）
6　裾を二つ折りにして縫う（図参照）
7　前端と衿ぐりにステッチをかける（図参照）
8　ボタンホールを作り、くるみボタンをつける

裁合せ図　製図

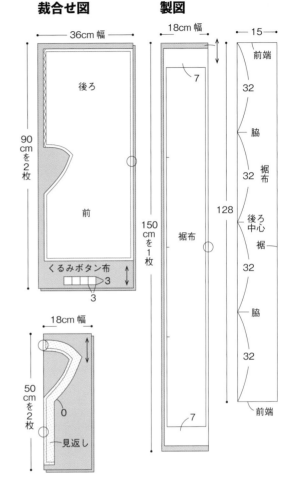

＊指定以外の縫い代は1cm
＊○＝布の耳を利用
＊▨＝接着芯
＊〰＝ジグザグミシンをかけておく

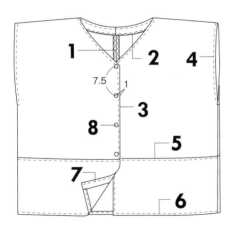

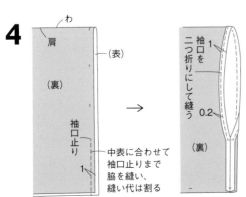

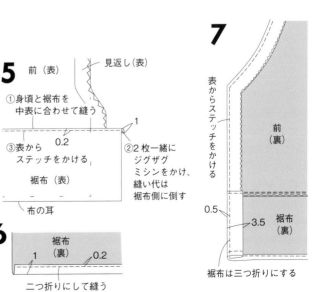

29 訪問着のフォーマルドレス

━━━━━━ photo p.31

実物大パターン A面

出来上り寸法

バスト ―― 132cm、着丈 ―― 112cm、
ゆき ―― 約63cm

材料

着物地 ―― 36cm幅120cmを4枚、110cmを2枚、
　　　　　18cm幅215cm、145cmを各1枚
裏地 ―― 18cm幅215cmを1枚(裏ベルト用)
ボタン ―― 直径0.8cmを12個

作り方

1 後ろ中心を縫い、縫い代は割る

2 前立てをつける(図参照)

3 袖を縫う(図参照)

4 袖をつけ、縫い代は袖側に倒す(図参照)

5 衿ぐりにギャザーを寄せて衿をつける(図参照)

6 袖口あきとスリットを残して袖下と脇を縫い、
縫い代は割る(p.45参照)

7 袖口にギャザーを寄せてカフスをつける(図参照)

8 スリットにステッチをかけ、裾を三つ折りにして
縫う(図参照)

9 ボタンホールを作り(前立ては縦穴、
衿とカフスは横穴)、ボタンをつける

10 ベルトを作る(p.55参照)

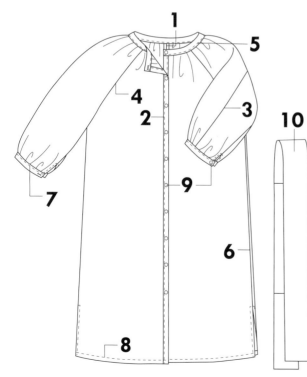

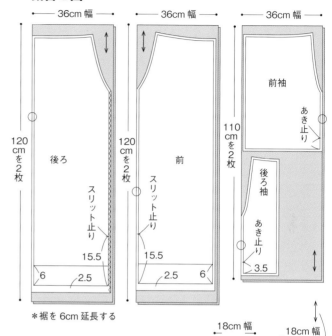

裁合せ図

*裾を6cm延長する

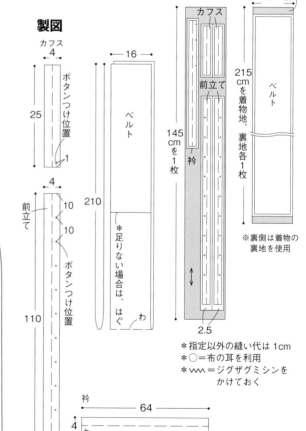

製図

※裏側は着物の
裏地を使用

＊指定以外の縫い代は1cm
＊○＝布の耳を利用
＊〰＝ジグザグミシンを
かけておく

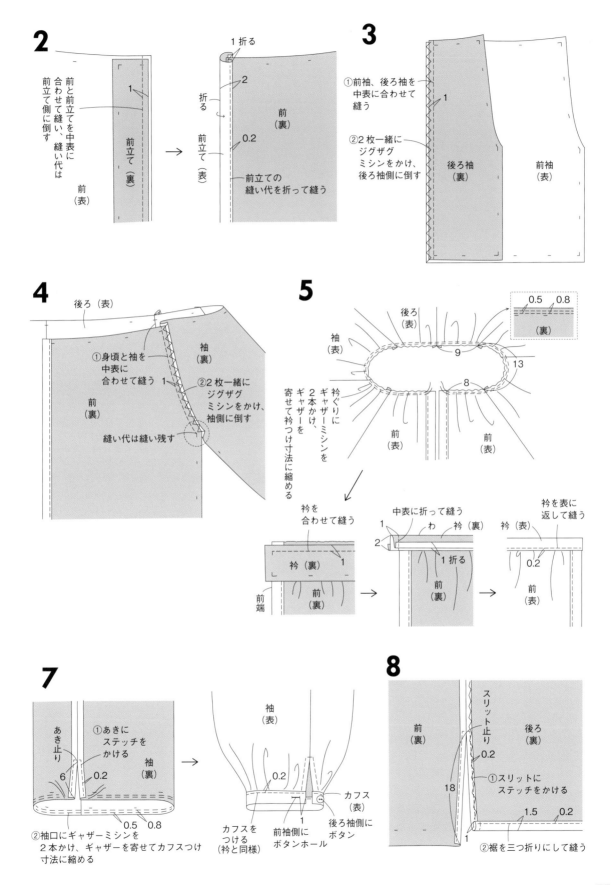

2

前と前立てを中表に合わせて縫い、縫い代は前立て側に倒す

1

前立て（裏）

前（表）

1 折る

2

折る

0.2

前立て（裏）

前立て（表）

前（裏）

前立ての縫い代を折って縫う

3

①前袖、後ろ袖を中表に合わせて縫う

②2枚一緒にジグザグミシンをかけ、後ろ袖側に倒す

1

後ろ袖（裏）

前袖（表）

4

後ろ（表）

①身頃と袖を中表に合わせて縫う 1

②2枚一緒にジグザグミシンをかけ、袖側に倒す

袖（裏）

前（裏）

縫い代は縫い残す

5

衿ぐりにギャザーミシンを2本かけ、ギャザーを寄せて衿つけ寸法に縮める

後ろ（表）

袖（表）

前（表）

前（表）

0.5　0.8

（裏）

9

13

8

衿を合わせて縫う

衿（裏）　1

前端

前（裏）

中表に折って縫う

1

2

わ　衿（裏）

1 折る

前（裏）

衿を表に返して縫う

衿（表）

0.2

前（表）

7

あき止り

①あきにステッチをかける

6　0.2

袖（裏）

②袖口にギャザーミシンを2本かけ、ギャザーを寄せてカフスつけ寸法に縮める

0.5　0.8

袖（表）

0.2

カフスをつける（衿と同様）

前袖側にボタンホール

1

カフス（表）

後ろ袖側にボタン

8

前（裏）

スリット止り

0.2

①スリットにステッチをかける

後ろ（裏）

18

1.5　0.2

1

②裾を三つ折りにして縫う

77

◆バイアス布のはぎ方

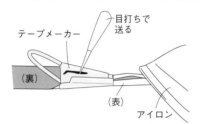

0.5縫う

縫う

(表) (裏)

割る

(裏)

余分はカットする

バイアステープをはぐ場合、布目をそろえる

布目を通した布端を中表に合わせ、0.5cm幅の縫い代で縫う

縫い代は割る

◆両折りバイアス布の作り方

目打ちで送る

テープメーカー

(裏)

(表)

アイロン

縫い代が突合せに折られて出てくるので、アイロンで押さえる

◆バイアス布の始末のしかた

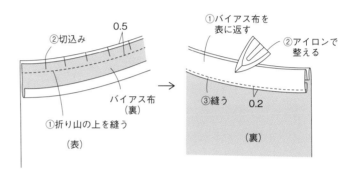

②切込み

0.5

①折り山の上を縫う

バイアス布
(裏)

(表)

①バイアス布を表に返す

②アイロンで整える

③縫う

0.2

(裏)

◆バイアステープのくるみ方

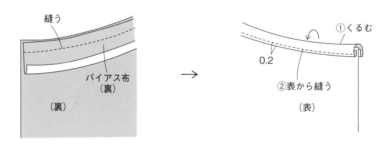

縫う

バイアス布
(裏)

(裏)

0.2

①くるむ

②表から縫う

(表)

◆布ループの作り方

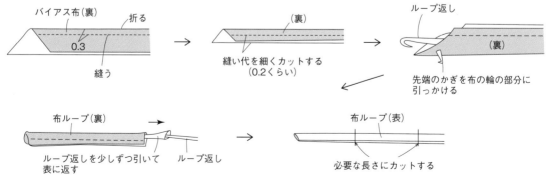

バイアス布(裏)

折る

0.3

縫う

(裏)

縫い代を細くカットする
(0.2くらい)

ループ返し

(裏)

先端のかぎを布の輪の部分に引っかける

布ループ(裏)

ループ返しを少しずつ引いて表に返す

ループ返し

布ループ(表)

必要な長さにカットする

もっと大きいサイズで作りたいときは

この本で紹介している服は、すべてフリーサイズでS〜LLサイズまで対応していますが、もっと大きいサイズで作りたい場合は、パターンを修正しましょう。まず、手持ちの服などを参考に、大きくしたいゆるみ分を割り出します。2のパンツを例に、写しとったパターンに、ゆるみ分を図のように足します。

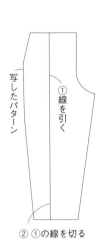

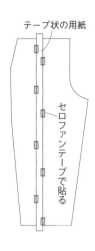

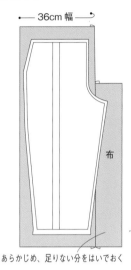

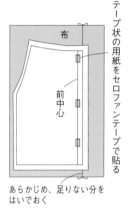

1 ①前パンツの幅の中心あたりに布目線に平行に縦の線を引く。②縦の線をはさみで切る。

2 ゆるみ分を割り出してテープ状の別紙を作り、セロファンテープで貼り合わせて幅を出す。後ろパンツも同様にする。ゆるみが増えた分、ウエストベルトの長さを変える。

3 布は、幅が足りない部分にあらかじめ別の布をはいでおく（着物地ははぎ目が案外目立たないので、縫い目はアイロンで丁寧に割る）。その上にパターンを置いて裁つ。

4 1のプルオーバーなどたいていの服は、ゆるみ分を前中心で平行に足す。後ろ身頃も同様にする。

古着の着物を購入するには

リメイクする着物が家にない場合は、古着店などに探しに行ってください。例えば、東京・日暮里の繊維街には古着の着物専門店が数店あり、掘り出し物が比較的安価で売られています。または骨董市などを巡ってみても。出かけるのが困難ならインターネットで検索してみてください。

作った服のお手入れ

リメイクした服をいい状態で長持ちさせるコツは、なるべく洗濯しないこと。洗濯やアイロンがけの回数が多いほど、繊維は疲弊するからです。直接肌に触れないならさほど汚れないので次の3つのお手入れで充分です。

1 ブラシをかける。脱いだらすぐに服専用のブラシで上から下へ、その日についたほこりや汚れを取り除く。

2 すぐにしまわず、ハンガーにかけて風通しのいい場所に、半日〜1日つるす。こうして服を休ませることが大切。

3 汚れはピンポイントで落とす。汚してしまったらすぐに、裏側にタオルを当て、水で濡らしたタオルで表からトントンとたたいて汚れを落とす。油性の汚れは布に洗剤を含ませる。

＊ひどい汚れのときはクリーニングに出しましょう。

塚田紀子 Noriko Tsukada

横浜市出身。文化服装学院服装産業科卒業。卒業後すぐに結婚。夫とともに渡米し、アンティークショップや田舎の生活を見て回り、見聞を広める。帰国後、家事と育児をする一方で服飾関係の仕事に就くなどを経て、1997年に暮らしをトータルにプランニングする「Outside in（アウトサイド・イン）http://www.outsidein.jp/」を設立。いろいろな手作りの材料の販売や定期教室などを行なう。主な著書に『バルト三国で出会った素材で作る手作り服と小物』（文化出版局刊）がある。

ブックデザイン …… わたなべ ひろこ（Hiroko Book Design）
撮影 ………………… 加藤新作
スタイリング ……… 南雲久美子
ヘア＆メイク ……… 梅沢優子
モデル …………… 高瀬真奈　takaneco
撮影（p.2、3、生地）… 福田典史
協力 ……………… 山口佳余、和気智子（Outside in）
作り方元図 ………… 今 寿子
トレース …………… 西田千尋
パターントレース …… 上野和博
校閲 ……………… 向井雅子
編集 …………… 堀江友恵　大沢洋子（文化出版局）

キモノ リメイク ソーイング

2021年 6月7日　第1刷発行
2022年 8月26日　第2刷発行

著者　　　　塚田紀子
発行者　　　濱田勝宏
発行所　　　学校法人文化学園 文化出版局
　　　　　　〒151-8524 東京都渋谷区代々木3-22-1
　　　　　　☎ 03-3299-2489（編集）
　　　　　　☎ 03-3299-2540（営業）
印刷・製本所　株式会社文化カラー印刷

文化出版局のホームページ　https://books.bunka.ac.jp/

【撮影協力】

qadro daikanyama —— tel.03-5489-2933
（p.24 のシャツ）

コンバースインフォメーションセンター —— tel.0120-819-217
（p.06、18 のスニーカー）

SARAHWEAR —— tel.03-5731-2741
（p.07 のパンツ）

SHOE & SEWN —— tel.078-881-0806
（p.12 のサンダル、p.26 の靴）

そのみつ —— tel.03-3823-7178
（p.04 のサンダル、p.24、p.29 の靴）

ダイアナ（ダイアナ銀座本店）—— tel.03-3573-4005（すべて）
（p.07、09、25、28、30、31 の靴、p.13 左のサンダル）

ダイアナ ウェルフィット（ダイアナ銀座本店）
（p.21 の靴）

タラントン by ダイアナ（ダイアナ銀座本店）
（p.07 左、p.18 の右、p.23 の靴）

takaneco　（p.18 のバッグ、p.25 のバスケット）

タビオ／ Tabio —— tel.0120-315-924
（p.07、p.25 のレギンス、p.26、27 のソックス）

dansko en …（Tokyo Aoyama）—— tel.03-3486-7337
（p.16、22 のサンダル）

nest Robe 表参道店 —— tel.03-6438-0717
（p.07、p.11 の T シャツ）

Pas de calais 六本木 —— tel.03-6455-5570
（p.10 の T シャツ、パンツ、p.13 右のサンダル、p.18 右のブラウス）

ビルケンシュトック・ジャパンカスタマーサービス
—— tel.0476-50-2626
（p.11、14、15 のサンダル）

ファラオ（alacrity）—— tel.03-6416-8635
（p.12 のパンツ）

フランジュール（DRAGON）—— tel.078-797-9555
（p.13 のバッグ）

plus by chausser —— tel.03-3716-2983
（p.07 右、p.10、p.27 の靴）